प्रीति प्रवाहिनी-2

(एक अद्भुत प्रेम यात्रा)

चित्रा विशाल श्रीवास्तव

notionpress.com

Notion Press

NOTION PRESS
India. Singapore. Malaysia.

Editor: ohario

www.ohario.org

प्रीति प्रवाहिनी-2

(एक अद्भुत प्रेम यात्रा)

चित्रा विशाल श्रीवास्तव

गहरा, पूर्णतः तपकर, पीड़ाओं से गुजरते हुए अश्रुओं से धुलकर, स्वर्ण हो चुका प्रेम ईश्वर के जैसा निर्मोही तथा निर्गुण हो जाता है, तभी ईश्वर और विशुद्ध प्रेम में कोई भेद नहीं, क्योंकि परमात्मा ही प्रेम हैं जो कि सभी गुणों से परे हैं।

विशुद्ध प्रेम के रस से भीग पाना तभी संभव हो पाता है, जब सत्त्व गुण बढ़ने लगता है।

तमोगुण अधिक हो तो प्रेम स्पर्श भी नहीं कर सकता, रजोगुण में प्रेम काम युक्त होता है, अतः स्वार्थ व भोग सुख की भावना होती है, परंतु सत्त्व गुण से परिपूर्ण हृदय ही त्याग व समर्पण के द्वारा प्रेम के विशुद्ध भाव को अनुभव कर आनंदित हो पाता है।

प्रेम के लिए किए गये सभी त्याग व धारण की गई सभी पीड़ाओं के अहंकार का त्याग ही प्रेम का विशुद्ध स्वरूप है।

प्रेम ही परमात्मा है, या कहें परमात्मा ही प्रेम

प्रेम नगर की डगर हे! प्रीतम
कौन दिसा से जाए-२
सब ओरी तुम्हरी ही प्रीतम
छवि दीखे मुस्काए-२

प्रेम बदरिया झम-झम बरसे
मन भीगे तन हर्षाए
हिय भीतर सब तोहे अर्पण
करके हृदय जुड़ाए

मैं लहराऊँ झूमूँ गाऊँ
साँवरिया को और रिझाऊँ
पर कौन डगर से नगर तिहारे
कहो चलूँ तोहे मिल पाऊँ

विमर्श

पुस्तकें सच्ची संगिनी होती है। न कोई द्वेष न छल, बस मन को संभाल कर रखती हैं। कभी हमारे मन को किसी और से साझा नहीं करतीं। हर मन की बात स्वयं तक ही रखना आता है इन्हें तभी सबकी प्रिय होती हैं। पुस्तक प्रीति प्रवाहिनी भी ऐसी ही एक प्यारी सखी है जो एक बार जुड़ जाने पर सदा के लिए प्रीत की डोर बाँध लेती हैं। युग आए युग जाए परंतु प्रेम सदा हरियाया, खिलखिलाता और सुगंधित रहता है। प्रीति प्रवाहिनी भी ऐसा ही सुगंधित पुष्प है जो हृदय की बगिया में सदैव खिला रहेगा। यदि आप प्रीति प्रवाहिनी-2 का भावपूर्ण गहराई से रसास्वादन करना चाहते हैं तो पुस्तक प्रीति प्रवाहिनी जो की नवंबर 2022 में प्रकाशित की गई थी अवश्य पढ़ें तब यह और आनंददाई होगी।

लेखिका परिचय

चित्रा विशाल श्रीवास्तव

(Founder Ohario)

लेखिका, गीतकार, विचारक एवँ लाइफ कोच "चित्रा विशाल श्रीवास्तव जी (पिता- श्री राघवेन्द्र बहादुर 'सरल' और माता-

श्रीमती सरला श्रीवास्तव) का जन्म पावन धरती प्रयागराज (प्रयागराज जिले के चकश्याम, किराँव नामक ग्राम में) में हुआ" जिसका बड़ा ही ऐतिहासिक महत्व है। प्रयागराज बहुत से कार्यों और कारणों से जाना जाता है उन महत्वपूर्ण कारणों में एक कारण है लेखन। इस धरती को लेखक और कवियों का गढ़ कहते हैं। बचपन से ही चित्रा जी की लेखन में रुचि रही। यह प्रतिभा उन्हें अपने पिता द्वारा ही प्राप्त हुई। इनके पिताजी स्वयं अच्छे कवि एवँ गीतकार हैं।

चित्रा विशाल श्रीवास्तव जी ने गणित व विज्ञान से बारहवीं की पढाई पूरी कर आई.ई.आर.टी. प्रयागराज से मिकैनिकल इंजीनियरिंग में आगे की पढ़ाई कर कैंपस सेलेक्शन के द्वारा टी वी एस मोटर्स होसूर में रिसर्च एण्ड डेवलपमेंट डिपार्टमेंट में कार्यरत रहीं।

बेनीगंज, प्रयागराज (उत्तर प्रदेश) के निवासी श्री विशाल श्रीवास्तव (पिता श्री विजय प्रकाश श्रीवास्तव एवँ माता श्रीमती सुषमा श्रीवास्तव) से विवाह(सन 2011) के उपरांत जी एन ए यूनिवर्सिटी पंजाब में बतौर सी. ओ. ई. कार्यरत रहीं साथ ही संगीत में विषारद भी किया और पूरे साढ़े सात वर्ष के अंतराल के पश्चात लेखन की दूसरी पारी का प्रारम्भ हुआ सन् 2019 में और तब से ही अनवरत साहित्य की सेवा में लगी हुई हैं।

लेखिका महोदया की लेखनी हर बार कुछ नया करती है, इनके द्वारा हर बार नये विषय पर परिपक्वता के साथ लिखी गई पुस्तकों से सभी को आश्चर्यचकित कर जाती हैं। महोदया लाइफ कोच के रूप में भी आवश्यक विषयों पर अपने विचार प्रस्तुत करती हैं। चित्रा जी के लेखन की दूसरी पारी में पहली

पुस्तक 'भाव प्रेम के' (जो कि अवधी और खड़ी बोली का मिश्रण है। इसमें श्री राधा कृष्ण की लीलाओं पर सुंदर गीत लिखे गये हैं तथा उन लीलाओं में क्या भाव और ज्ञान है वह भी कलमबद्ध किया गया है) फरवरी 2020 में Poetryworld.org प्रकाशन से प्रकाशित हुई। यह पुस्तक देश ही नहीं विदेश के बुक्स शॉपिंग ऐप्स पर भी उपलब्ध है। विदेशी भारतीय भी इसके पाठक हैं।

महोदया जी की दूसरी पुस्तक 'प्रीति प्रवाहिनी' प्रेम पर लिखी गई वैचारिकी है जो कि नवंबर 2022 को प्रकाशित की गई। यह पुस्तक गद्य तथा पद्य से सुशोभित चित्र सहित पुस्तक है जो प्रेम के सच्चे स्वरूप से भेंट कराने का कार्य करती है।

तीसरी पुस्तक 'प्रीत की रीत' लोक रंजन प्रकाशन प्रयागराज से दिसंबर 2023 में प्रकाशित की गई है। यह पुस्तक कविता और गीतों का संग्रह है। विशुद्ध भाव से उकेरे गये सुंदर गीतों की माला से सुसज्जित है।

चौथी पुस्तक 'चदरिया झीनी' जनवरी 2024 में लोकरंजन प्रकाशन के तहत प्रकाशित हुई। यह पुस्तक भी वैचारिकी है जो कि मन मंथन का सत्य का बोध कराती है।

लेखिका महोदया की पाँचवी पुस्तक 'मैली चादर' विचारों का मंथन कर झाग रूपी मैली को सतह पर लाने का कार्य करती है ताकि उसे पृथक कर मन, हृदय व जीवन को शुद्ध और सुंदर बनाया जा सके।

छठी पुस्तक 'देह की देहरी' जो कि पोएट्री वर्ल्ड ओरगेनाइजेक्शन के अंतर्गत मई 2024 में प्रकाशित की गई है। पुस्तक 'देह की देहरी' सांसारिक मापदण्डों और चलन के परतों

के नीचे दबें आध्यात्मिक आधार को उकेरती हुई सुंदर वैचारिकी है।

सातवीं पुस्तक 'अंजुरी भर प्रेम' संबंधों में आ रही परेशानियों से पनपने वाली उलझने व उनसे पड़ने वाले दुष्प्रभाव पर प्रकाश डालती हुई समस्याओं के हल भी प्रस्तुत करती है। यह इस पुस्तक को 2024 oct में पोएट्री वर्ड आर्गेनाइजेशन द्वारा प्रकाशित किया गया है।

आठवीं पुस्तक 'Oh, Dear Love!' अंग्रेज़ी भाषा में पुस्तक है जो कि सन् 2025 मार्च में पोएट्री वर्ड आर्गेनाइजेशन द्वारा प्रकाशित की गई है।

नौवीं पुस्तक 'मेरो मन वृंदावन'(पुस्तक बेस्टसेलर रही है) भक्ति प्रेम रस से सराबोर, आत्मा की परमात्मा से मिलने की व्याकुलता की करूणा पुकार है। इसे द स्टेट हाउस पब्लिकेशन द्वारा 31 मई 2025 को पब्लिश किया गया है।

दसवीं पुस्तक 'विनिशा (मन की थाह)' पुस्तक स्त्री मन के भाव को उकेरने और प्रकाशित करने का कार्य करती है। इसे द स्टेट हाउस पब्लिकेशन द्वारा सितम्बर 2025 को पब्लिश किया गया है।

ग्यारहवी पुस्तक 'दुलहिन दूलहु' प्रेम रस से सराबोर, श्री राधा कृष्ण की लीलाओं को पदों में प्रस्तुत किया गया है। इसे द स्टेट हाउस पब्लिकेशन द्वारा 2025 में पब्लिश किया गया है।

बारहवीं पुस्तक 'देह की देहरी-2' जो कि पोएट्री वर्ल्ड ओरगेनाइजेक्शन के अंतर्गत March 2026 में प्रकाशित की गई है। पुस्तक 'देह की देहरी-2' हमें द्रष्टा भाव प्रदान करके, हमारे

भीतर के अंधकार और देह की देहरी पर चढ़ी मैल को, दिखाने का प्रयास करती है हुई सुंदर वैचारिकी है।

ईमेल आईडी: chitra_shrivastava@yahoo.co.in

YouTube

Chitra Vishal Srivastava

लेखिकीय विचार

मेरी पिछली पुस्तक ने मुझमें प्रेम पर और अधिक लिखने व कहने की ऊर्जा भर दी है। आप सबके स्नेह और साथ ने मुझे और प्रोत्साहन दिया है कि मैं दुगुनी ऊर्जा के साथ लिखती जाऊँ और आप सबसे अपने लेखन के माध्यम से जुड़ती जाऊँ। आप सबके द्वारा "प्रीति प्रवाहिनी" को दिए गये स्नेह, सम्मान व साथ के लिए मैं आप सबकी आभारी हूँ।

मुझमें लिखने का साहस और ऊर्जा सभी प्रियजनों के द्वारा की गई शुभकामनाओं का ही परिणाम है। यह चिंतन और लेखन सबकुछ प्रकृति की धरोहर है। मुझमें इतनी सामर्थ्य कहाँ जो मैं तनिक भी चिंतन कर सकूँ या शब्दों में पिरो सकूँ। वह जो देती है वह ही मेरी झोली को भर जाता है और मैं आप सबसे साझा कर पाती हूँ अतः सर्वप्रथम प्रकृति को ही प्रणाम और धन्यवाद।

जीवन को देखने और समझने के तीन प्रकार हैं, अतः हमें तीन प्रकार के मनुष्य देखने को मिलते हैं जिसमें प्रथम श्रेणी का व्यक्ति समस्या या दुर्घटना होने पर भी बाकी बचे जीवन को आनंद में व्यतीत करना पसंद करता है, अतः वह उन घटनाओं

को बिसार देता है। वह समझता है कि जीवन में जो भी प्राप्त है वह स्वयं के ही कर्मों की खेती है। अतः सीख लेकर आगे बढ़ जाता है।

दूसरी श्रेणी में आते हैं वे व्यक्ति जो जीवन में मिली सफलता या खुशियों को दरकिनार कर केवल दुख और दुर्घटनाओं को ही जीवन का पक्का और अभिन्न अंग बनाकर अपने जीवन को दुख से भर देते हैं तथा उनके दुख का कारण सदैव अन्य को मानते हैं।

तीसरी श्रेणी सबसे उत्तम है जिसमें मनुष्य न दुख पकड़ता है न ही सुख। दुर्घटनाएँ न तोड़ पाती है न ही सफलता उनके अहंकार भर पाती है। वे हर परिस्थिति में समान रहकर जीवन को संतुलित जीते हैं। जो भी है सब परमात्मा का है, जो भी हो रहा सब परमात्मा की इच्छा है और उनकी इच्छा ही सबसे

सही और सर्वोपरि है यह मानकर चलते हैं और सबकुछ समभाव से सहज स्वीकारते हुए सरल जीवन जीते हैं।

हमें जीवन कैसा चाहिए यह ही हमारे जीवन और समझ की दिशा तय करता है अतः जो सर्वोत्तम हो उसे ही अपनाएँ।

आत्मा सदैव शुद्ध और प्रकाशित होती है बस शरीर इंद्रियों के वशीभूत होकर नित्य अनेकों अच्छे व बुरे कर्मो की परतें चढ़ाता जाता है जिससे वह प्रकाश कहीं गहरे छिप जाता है और ऊपर काली मैली परतों के खेप लगे होते हैं। हम आत्मा के प्रकाश को तभी देख सकते हैं जब देह की देहरी पर लदी मैल की परतें हट जाएँ।

सबसे भारी मैल की परत है अज्ञानता वश मोह को पालना जिससे कारण हम ज्ञान के प्रकाश को नहीं स्वीकार पाते तथा मृत्यु से भयभीत रहते हैं क्योंकि इस जीवन से पार के जीवन को स्वीकार पाना असम्भव प्रतीत होता है और यही कारण होता है भटकाव का चाहे वह सदेह हो या देह त्याग के पश्चात का हो जिससे और अधिक पीड़ा प्राप्त होती है।

गौरव हिन्दुस्तानी
(बरेली, उत्तर प्रदेश)
बी. टेक. (कंप्यूटर साइंस) | बी. एड | एम. एड. | एम. ए. (एजुकेशन) | एम.ए. (हिन्दी) | एल.एल.बी.
Email Id : gauravhindustani115@gmail.com

"प्रीति प्रवाहिनी-2" — प्रेम की आध्यात्मिक यात्रा

"प्रीति प्रवाहिनी-2" केवल एक पुस्तक नहीं, बल्कि प्रेम की गहराइयों में उतरने का एक संवेदनशील निमंत्रण है। लेखिका "चित्रा विशाल श्रीवास्तव" ने इस कृति के माध्यम से प्रेम को केवल मानवीय आकर्षण या संबंधों की सीमाओं में नहीं बाँधा,

बल्कि उसे आत्मिक और आध्यात्मिक चेतना के उच्च स्तर पर स्थापित करने का प्रयास किया है।

पुस्तक का मूल भाव यह है कि प्रेम केवल एक भावना नहीं, बल्कि आत्मा की एक अवस्था है। जब प्रेम शुद्ध, निष्काम और निर्मल हो जाता है, तब वह ईश्वर के समान हो जाता है। इसीलिए लेखिका यह विचार प्रस्तुत करती हैं कि प्रेम और परमात्मा में कोई भेद नहीं है—प्रेम ही ईश्वर का सबसे सहज और जीवंत अनुभव है।

इस कृति में प्रेम के अनेक आयामों को अलग-अलग अध्यायों के माध्यम से विस्तारपूर्वक समझाया गया है। जैसे—"प्रेम की प्रतीति", "काम, प्रेम व प्रार्थना", "प्रेम मुक्ति या बंधन", "प्रेम से न सुख न दुःख", "स्वयं से मिलन की यात्रा" आदि। इन अध्यायों के माध्यम से लेखिका यह स्पष्ट करती हैं कि सच्चा प्रेम स्वार्थ, अपेक्षा और बंधनों से परे होता है। वह स्वतंत्र, निष्काम और आत्मिक होता है।

विशेष रूप से "काम, प्रेम व प्रार्थना" विषय पर लेखिका का दृष्टिकोण अत्यंत रोचक और गहन है। वे बताती हैं कि काम ऊर्जा को नकारना नहीं चाहिए, बल्कि उसे समझना चाहिए, क्योंकि वही ऊर्जा आगे चलकर प्रेम के कमल को खिलने का आधार बनती है। जब यह ऊर्जा परिष्कृत होती है तो वह प्रार्थना और आध्यात्मिक प्रेम में रूपांतरित हो जाती है।

भाषा और शैली:-

इस पुस्तक की भाषा सरल, काव्यात्मक और आध्यात्मिक भाव से भरी हुई है। लेखिका ने गद्य और पद्य दोनों का उपयोग करके विचारों को भावनात्मक गहराई प्रदान की है। कई स्थानों पर छोटे-

छोटे गीत और पंक्तियाँ पाठक के हृदय को छू जाती हैं और चिंतन को प्रेरित करती हैं।

उनकी शैली उपदेशात्मक नहीं बल्कि संवादात्मक और अनुभवात्मक है। ऐसा लगता है जैसे लेखिका पाठक को प्रेम की आंतरिक यात्रा पर धीरे-धीरे मार्गदर्शन कर रही हों।

दार्शनिक दृष्टि:-

इस कृति का सबसे महत्वपूर्ण पक्ष यह है कि इसमें प्रेम को केवल रोमांटिक संबंध के रूप में नहीं देखा गया, बल्कि आत्मा और परमात्मा के मिलन की प्रक्रिया के रूप में प्रस्तुत किया गया है। लेखिका के अनुसार सच्चा प्रेम वही है जो व्यक्ति को स्वयं से मिलाता है और अंततः परमात्मा तक पहुँचा देता है।

"प्रीति प्रवाहिनी-2" प्रेम को समझने की एक गंभीर और आध्यात्मिक कृति है। यह पुस्तक उन पाठकों के लिए विशेष रूप से उपयोगी है जो प्रेम को केवल भावना नहीं बल्कि जीवन दर्शन के रूप में समझना चाहते हैं।

लेखिका की यह कृति पाठक को यह सोचने पर विवश करती है कि प्रेम केवल किसी व्यक्ति से नहीं, बल्कि स्वयं से और परमात्मा से भी होता है।

संक्षेप में — यह पुस्तक प्रेम की धारा में डूबकर आत्मा के उजाले को खोजने की एक सुंदर यात्रा है।

विषय सूची

प्रीति प्रवाहिनी-2

चित्रा विशाल श्रीवास्तव

प्रेम की प्रतीति

जब तन, मन और जीवन सब परिवर्तित होने लगता है तब होती है प्रेम की प्रतीति। जैसे पुनर्जन्म हो गया हो जिसमें कोई पीड़ा नहीं

केवल आनंद ही हो। जब सब कुछ मुस्कुराता हुआ आनंदित अनुभव होता है तब चाहे काँटों पर चलना पड़े वह भी आनंदित करे, यह कुछ ऐसा होता है कि जैसे कोई नशा सा चढ़ा हो जब उस नशे के अतिरिक्त कुछ और अनुभव ही न हो रहा हो। यह तो आरंभ है प्रेम के अंकुरण का जब वह एकदम कोमल सरल और नन्हा होता है, जिसे किसी भी प्रकार का बाहरी वातावरण प्रभावित नहीं करता और वह भावना रूपी जल में बढ़ता जाता है। यह सबसे सरल और विशुद्ध स्थिति होती है प्रेम की जब सब कुछ न्योछावर कर देने को आतुर होता है प्रेम। अभी वह किसी प्रकार की परीक्षा से नहीं गुजरा होता है, न ही तूफानों की मार पड़ी होती है और न ही तपिश में प्रवेश हुआ होता है।

जिया हार गई
तोपे वार गई
तोरे चरणण पर
बलिहार गई
सब तन मन धन
न्योछार गई

काम, प्रेम व प्रार्थना

काम वह कीचड़ है जिसमें ही प्रेम रूपी कमल खिलकर प्रार्थना में उतर कर ऊँचाई प्राप्त करता है। काम पहली सीढ़ी है जिसपर पाँव रखे बिना अगली सीढ़ी प्रेम तक नहीं पहुँचा जा सकता है,

जिस प्रकार बिना कीचड़ सुंदर कमल नहीं खिल सकता। काम ऊर्जा ही ऊपर उठती है और भाव रूपांतरित करती है तब प्रेम के ऊपर की सीढ़ी पर पहुँच कर वह ऊर्जा अन्य नई ऊर्जा में रूपांतरित होती जब वह प्रार्थना बन जाती है जहाँ से परमात्मा तक पहुँचने का मार्ग मिलता है।

काम ऊर्जा यदि व्यर्थ होती तो प्रकृति इसे रचती ही न अतः उसका तिरस्कार करना मूढ़ता है, अपितु जब हम सत्य को स्वीकार लेते हैं तभी उससे पार भी पा सकते हैं वरना वह दलदल की भाँति हमें उलझाकर रख देती है, जिससे आगे बढ़ पाना असंभव हो जाता है। आकर्षण के बिना समर्पण असंभव है और काम के कारण ही आकर्षण घटित होता है अतः काम ही आधार है जिसका त्याग या तिरस्कार स्वयं को ही निराधार करने के समान है। जैसे ही उसे पूरे भाव से हम स्वीकारते हैं तभी आगे की सीढ़ी हमें दिखाई देने लगती है और पाँव आगे बढ़ा कर उसपर धरते ही यह ऊर्जा ऊपर उठती हुई उससे आगे की सीढ़ी को प्रकाशित करती है। जैसे-जैसे एक-एक सीढ़ी चढ़ते जाते हैं, ऊर्जा उठती हुई आगे की सीढ़ी को प्रकाशित करती जाती है, जिससे परमात्मा तक पहुँचना संभव हो जाता है। काम ऊर्जा वह हीरा है जिसे अज्ञानता से देखा जाय तो पत्थर दिखाई देता है जिससे अपने लाभ के लिए कुछ कार्य लिए जा सकते हैं, परंतु ज्ञानी उसका सच्चा मूल्य समझकर परमात्मा तक पहुँचने की सीढ़ी प्राप्त कर लेता है। जैसे हीरे की परख के लिए जौहरी सी समझ आवश्यक है वैसे ही काम ऊर्जा को समझने के लिए आध्यात्मिक ज्ञान रूपी चक्षुओं से देखना आवश्यक है।

मिठाई जब इच्छा भर खा ली तब प्यास जगती है और उस प्यास को बुझाने के लिए जल की खोज प्रारंभ होती है और फिर जल के लिए जलाशय तक पहुँचना पड़ता है बस यही है यात्रा जीवन की जो परमात्मा तक पहुँचाती है जिससे जीवात्मा को तृप्ति मिल जाती है।

वासना तृप्त क्यों नहीं होती क्योंकि उसकी खोज न देह है न ही भौतिक जगत के भोग बल्कि उसे परमात्मा का स्पर्श चाहिए ऐसे में काम को पाप मानकर जब छोड़ भी नहीं पाते क्योंकि वह ही तृप्ति का साधन भी प्रतीत होता है तब उसकी ऊर्जा का सच्चा उपयोग न कर ही पाते हैं और न ही समझ ही पाते हैं, बस एक छोटा क्षणिक सुख का स्रोत ही बन कर रह जाता है जिससे कभी संपूर्ण तृप्ति प्राप्त ही नहीं हो सकती अतः

उसमें ही फँसे रहकर खीझ और अशांति की भी प्राप्ति होती है। हजारों तरीके भी अपनाकर जब वह नहीं मिलता जिसकी खोज है, तब अवसाद भी होने लगता है।

मुझ आधार को मिटाया जो,
निराधार रह जाओगे।
कहो फिर कैसे आगे की,
सीढ़ी पर तुम चढ़ पाओगे।।

प्रेम के रस राग को,
कहो सुन सकोगे कैसे।
दुआओं में पुकार बन,
फिर बह सकोगे कैसे।।

लगाकर सीने से मुझको,
सुनो स्वीकार लो अब तो।
बनूँगा पाँव की सीढ़ी,
पहुँचना अपनी मंजिल को।।

जब तक प्रेमास्पद के प्रति माँ जैसा सम्मान व संतान जैसा वात्सल्य न जगे, मित्रता सी सहजता न हो व भक्त के जैसा सेवा भाव न आए हम मान लें कि प्रेम का पौधा काम रूपी कीचड़ में ही फँसा है अर्थात खिलकर ऊपर नहीं उठ सका। जब तक देह केवल सुख देने का स्रोत लग रही होती है तब तक प्रेम रूपी कमल खिल जाने की संभावना नहीं बन पाती है।

जब दो प्रेमी दैहिक रूप से समीप आते हैं तब वे भीतर उपस्थित चैतन्य रूप से परमात्मा के समीप आने का ही प्रयास करते हैं, जिसमें देह ही बाधा होती है इसलिए जब वे भींचकर आलिंगन करते हैं तब एक दूसरे में समा जाने के भाव से करते हुए बहुत ही आत्मिक शांति का अनुभव करते हैं जैसे वे दो न होकर केवल एक ही हों और उन पलों में वे पूर्णतः शून्य हो जाते हैं जैसे वे विदेह हों जिससे अनुभव होता है कि उनके मध्य का अंतर ही समाप्त हो गया हो और वे एकाकार हो गये हो जिस प्रकार जल में जल मिल कर जल ही हो जाए जिसमें कोई भिन्नता या अंतर नहीं। यह भाव तब ही संभव है जब पहली सीढ़ी पार होकर दूसरी सीढ़ी पर पाँव रखते हैं।

काम ऊर्जा यदि ऊपर उठ जाय तो वह विशुद्ध प्रेम में परिवर्तित हो जाती है।

काम में भी प्रेम खोज लेना पूजन योग्य बनाता है व गंगा सा पावन कर जाता है परंतु यदि प्रेम की खोज में काम खोज लिया और उसी पर ठहर गये तो यह महापाप योग्य मलीनता प्रदान करता है।

जैसे पानी में बिना डूबे ऊपर नहीं आ सकते पहले तल को स्पर्श करना होता है तत्पश्चात हम संतुलित हो ऊपर उठ जाते हैं ऐसा ही प्रेम है जब तक हम गहरे डूबकर उसके सबसे गहरे तल को स्पर्श नहीं करते तब तक प्रेम की महान ऊँचाई पर नहीं पहुँच पाते और न ही संतुलन प्राप्त कर पाते।

ज्यों ज्यों डूबा,
तल छू आया।
ऊँचे नभ सा,
मान है पाया।।
प्रीत की रीत
सदा रही ऐसी
गहरे उतर ही
मैं उतराया

प्रेम काम का श्रेष्ठतम स्वरूप है और काम प्रेम का सबसे निम्नतम तल है। जो निम्नतम तल को सबकुछ मानकर वहीं अटके रह जाते हैं वे अभागे होते हैं क्योंकि प्रेम रूपी कमल के खिल जाने का जो आनंद है उन्हें प्राप्त नहीं होता बल्कि काम रूपी दलदल में ही फँस जाने के कारण वे प्रेम से भी वंचित रह जाते हैं और अंततः असंतुष्ट व उदास होते हैं।

कभी नीम-नीम कभी शहद

आकर्षण से समर्पण तक विशुद्ध भाव रहता है, इसके उपरांत जब प्रथम पायदान पर पाँव रखते हैं तब ही सबसे अधिक सावधान रहना चाहिए क्योंकि यहीं पर सबसे अधिक भ्रमित हो जाने की संभावना होती है। जहाँ यदि हम कामसुख को ही परमसुख का माध्यम मानकर भ्रमित होकर प्रथम सीढ़ी पर ही रूक गये, ठीक

उसी क्षण प्रेम के खिल जाने की संभावना भी समाप्त हो जाती है और प्रारंभ होता है मोह के जन्म का जिसमें अपेक्षा, अतिक्रमण, ईर्ष्या और द्वेष सारी दुर्भावनाओं का जन्म हो जाता है तब शांति व आनंद की चाहत में मिलती है अशांति और दुःख, जिससे बार-बार आशंका होती है प्रेम पर और बिना समझे हम प्रेम को ही बुरा भला कहने लगते हैं।

हम विचारते हैं कि प्रारंभ में तो सब सुंदर था फिर असुंदर कैसे हो गया और अपने कार्यों पर तनिक भी चिंतन नहीं करते अपितु अन्य को ही दोषी ठहराने का प्रयास करने लगते हैं।

बड़े सुख की चाह लिए हुए,
जब चल पड़ी हूँ इस डगर।
तब हो रही बाधा कहाँ,
जब लेन देन की है खबर।।

क्या प्रेम है या मोह में हूँ,
या जी रही कुछ और ही।
कब लेन देन में फँस रही,
मिला प्रेम को न ठौर ही।।

भूल दो तरफा होती है जहाँ कभी हम स्वयं अन्य से सुख की चाह रखकर विकारों से भर जातें हैं और प्रेम कमल को खिलने ही नहीं देते तो कभी अन्य को स्वयं पर अतिक्रमण करने देते हैं, जो हमसे सुख की चाह रखकर विकारों से भर जाता है और उसका नकारात्मक प्रभाव प्रेम को कभी खिलने नहीं देता।

अधिकांशतः यही होता है इसी कारण प्रेम के सच्चे स्वरूप से बहुत कम ही लोग भेंट कर सच्चे आनंद की अनुभूति कर पाते हैं।

हम तो मक्खी से भी गये गुजरे होते हैं। एक मक्खी जिसके पास हम जैसा न बल है न बुद्धि फिर भी वह सदैव प्रकाश का चुनाव करती है। जहाँ शीतलता हो वहाँ रहने में उसे आनंद का अनुभव होता है परंतु यदि अंधेरा हो तब वह उस आनंद को छोड़ कर प्रकाश की ओर भागती है चाहे प्रकाश में तापमान अधिक हो जहाँ उसकी देह को वह आनंद प्राप्त न हो सकता, परंतु हम क्षणिक दैहिक सुख के लिए पहले पायदान में ही अटक कर रह जाना चाहते है जबकि प्रकाश की किरण हमें बार-बार दिखाई देती है फिर भी हम दैहिक सुख(भौतिक सुख)के लिए अंधेरे में ही रहना पसंद करते हैं।

मनुष्य स्वयं के कृत्य को सही सिद्ध करने के लिए तरह-तरह की परिभाषा बनाता है। प्रेम को भी वर्गीकृत करता है। हम कहते हैं प्रेम आध्यात्मिक व सांसारिक होता है अर्थात इसे भी दो प्रकार से परिभाषित करने लगते हैं कि हम जो कर रहे हैं वह भी प्रेम ही है परंतु सांसारिक है और आध्यात्मिक प्रेम तो विरक्त के लिए है जबकि इस तरह की बातें सिद्ध करती हैं कि हम अपने मिथ्या अहंकार को पुष्ट करने के लिए ऐसी बेतुकी बात कहने लगते हैं। ऐसे में हम मोह को सांसारिक प्रेम का नाम देकर विकारों से जन्मे हमारे व्यवहार को सही साबित करने का असफल प्रयास करतें हैं जबकि हम अच्छी तरह जानते हैं कि प्रेम की केवल एक

ही परिभाषा है कि वह आध्यात्मिक ही है तभी विशुद्ध और निष्काम है यही कारण है कि वहाँ तक सरलता से पहुँच पाना संभव नहीं क्योंकि हमें आध्यात्म स्वीकार नहीं होता।

प्रेम मुक्ति या बंधन

प्रेम जब नि:स्वार्थ तथा निष्काम भाव से होता है तब मुक्ति प्रदान करता है वरना जीवन और मरण के चक्र में ही फँसा कर रख देता है।

निष्काम प्रेम के खो जाने का तनिक भी भय नहीं होता क्योंकि हमारे पास केवल देने का भाव ही होता है जो कि हमारे वश में है तब जितना दिया उतना प्रेम को जिया और प्रेमानंद में डूबे रहे। प्रेम के खोने का जब डर समाप्त हो जाना ही प्रेम के पक जाने का प्रमाण है। यही प्रेम की सच्ची मिठास है। इस संसार में कुछ भी हमारा नहीं है सिवाय स्वयं के भाव के अर्थात हमारे स्वयं के कर्म और भावनाएँ ही हमारी हैं जिनपर ही हमारा अधिकार और नियंत्रण भी होता है। प्रेम हमारे भीतर जन्मा पौधा ही होता है इसी कारण वह सदैव फलता-फूलता रह सकता है क्योंकि उसके विकास के स्रोत केवल हम स्वयं होते हैं तभी विशुद्ध और निष्काम प्रेम साश्वत है। जो घटता, बढ़ता, बनता और मिटता रहता है वह अशुद्धियों से भरा प्रेम है जिसमें प्रेम की मात्रा कम है और बाकी विकारों की अधिक होती है।

स्वयं में उपस्थित दोषों के कारण ही अन्य द्वारा की गई क्रियाओं, कार्यों या कहीं बातों को हम अन्यथा ले लेते हैं जिससे भीतर कटुता भरती जाती है तत्पश्चात कभी-कभी सर्प की भाँति जहर उगलने का कार्य भी करते जाते हैं, जिसके परिणामस्वरूप हमारे सभी सामाजिक, पारिवारिक व प्रेम संबंध में भी कड़वाहट भर कर जीवन और मन को दूषित व कलंकित करते जाते हैं, अतः हमें यह समझना चाहिए कि स्वयं को ही शुद्ध और सुंदर बनाने की ही आवश्यकता होती है तभी बाहरी वातावरण में हो रही किसी भी प्रकार की घटना या क्रिया से हमें कोई नकारात्मक प्रभाव नहीं पड़ता और सब कुछ सरल व सहज

होता जाता है तभी हम प्रेम के परम स्थिति को भी प्राप्त कर पाने में सक्षम हो पाते हैं वरना सब किताबी बातें ही प्रतीत होती हैं और हम परमानंद से वंचित रह जाते हैं।

प्रेम में परिक्षाएँ और ठोकर उसे सोने सा निखारती हैं तथा सभी अशुद्धियाँ पृथक हो पावन हो जाता है। कई बार परिस्थिति बहुत पीड़ादायक और गूढ़ हो जाती है जब सब असंभव प्रतीत होने लगता है परंतु प्रेम बहुत धैर्यवान और साहसी होता है जो भयंकर पीड़ा को सहकर भी अपने मार्ग से डिगता नहीं, फलस्वरूप विजयी होता है।

प्रेम से न दुःख न सुख

प्रेम न दुःख देता है न ही सुख। प्रेम तो आनंद और शांतिप्रदायक है। यदि दुख या सुख की अनुभूति हो रही है तब एक बार नहीं सौ बार अपने भाव और संबंध का आकलन अवश्य करना चाहिए कि कहीं प्रेम की जगह व्यापार तो नहीं चल रहा, जहाँ पर लेन देन का हिसाब किताब चलता है। क्योंकि सुख या दुख की प्राप्ति व्यापारिक लेन-देन के लाभ-हानि से ही होती है, परंतु आनंद केवल प्रेम से प्राप्त होता है जिसमें कोई बाध्यता नहीं होती, न ही

कोई चाह बस प्रेम देते जाने में ही सारा आनंद होता है जिसके आगे कोई उपाधि या उपलब्धि भी मायने नहीं रखती।

मैं क्या जानूँ हानि लाभ रे,
सुख पाऊँ बस प्रेम लुटाय।
सब सुख मान भी शून्य भयो ये,
प्रेम के आगे न कछु भाय।।

मै न जानूँ प्रीति भई कब,
पी कित चित्त में आए रे।
तन मन धन सब करी न्योछावर,
प्रीत पे सबहिं लुटाए रे।।

प्रेम सनातन है अतः वह परिवर्तन नहीं माँगता। प्रेम सदैव नया सा रहता है अतः जिसके प्रति जग गया तो बस उसमें ही तृप्ति मिलती है, अन्य कितने भी अनमोल या सुंदर की प्राप्ति हो जाय तब भी वह तृप्ति केवल एक से ही प्राप्त कर पाता है चाहे वह कैसा भी हो, परंतु वासना कभी तृप्त नहीं होती अतः बार-बार नये की खोज में लगी रहती है और उसकी खोज पर कभी भी विराम नहीं लगता बल्कि अतृप्ति ज्यों कि त्यों ही बनी रहती है। यह जान लें कि यदि हम अतृप्त अनुभव करते हैं जिसके कारण हर बार एक नये संबंध की खोज में लग जाते हैं तो हम प्रेम कदापि नहीं कर रहे अपितु वासना के आधीन होकर आकर्षण को ही प्रेम मानने की भूल कर रहे हैं।

अभिव्यक्ति व भाव

प्रेम दर्शानें के न जाने कितने तरीके हैं, फिक्र करना या जिक्र करना, ख्याल रखना, मनुहार करना, स्मरण करना, खुशियों का ध्यान रखना, प्रार्थना व प्रतीक्षा करना।

सारे तरीके ही बहुत सुन्दर है परंतु प्रतीक्षा सबसे कठिन तथा पीड़ा दायक है साथ ही अनंत काल के लिए आशा से भर देती है और प्रेमी केवल इस भावना से ही विजयी हो जाता है।

जैसे-जैसे प्रेम पकता जाता है अभिव्यक्ति मौन होती जाती है। शब्द कम पड़ने लगते हैं और चित्त आनंदित रहने लगता है। पूर्ण पक जाने पर प्रेम पूर्णतः मौन हो जाता है। कुछ भी कहने या सुनने की इच्छा नहीं होती बस स्वयं में ही आनंदित रहना चाहता है। प्रेम जितना अधिक पक जाता है वह भक्ति बन जाता है जिसके फलस्वरूप सबमें प्रेम(परमात्मा) की अनुभूति होने लगती है, अतः सबको प्रेम बाँटने को जी चाहता है व सभी प्रकार का भेद भी समाप्त हो जाता है। प्रकृति में उपस्थित सभी सजीव या निर्जीव एक समान प्रतीत होने लगते हैं जिससे देहाभिमान भी नष्ट हो जाता है। कहीं सेवा के रूप में तो कहीं ममता, कहीं वात्सल्य तो कहीं करुणा के रूप में प्रेम क्रियान्वित होता है। देते जाने का सुख ही आनंद बन कर भीतर घुलता जाता है।

प्रेम वह शाश्वत भाव है जो सबके भीतर एक समान उपस्थित होता है बस जैसे ही चेतना ऊपर उठती है भीतर प्रकाश दिखाई देने लगता है जिसमें प्रेम का अंकुर जितना भाग दिखाई देने लगता है जिससे प्रेम की सुगंध से तन, मन और जीवन निर्मल होने लगता है। जैसे-जैसे चेतना ऊपर उठती जाती है प्रकाश बढ़ता जाता है जिसमें प्रेम का भी स्वरूप बढ़ता दिखाई देता है और शुद्धता भी बढ़ती जाती है परंतु यदि चेतना गिर जाए तो पुनः प्रकाश छिप जाता है और अंधेरे में प्रेम का स्वरूप भी छिप जाता है

जिससे प्रथम पायदान काम पर ही चेतना गिरकर अटक जाती है।

जब दो प्रेमी आकर्षण से समर्पण की ओर बढ़ते हैं तब समर्पण से पहले पायदान पर पहुँचते हैं अब यदि उसे ही सुख मानकर वहीं अटके रहे तो प्रेम कमल खिल नहीं सकेगा और वे प्रेम के नाम पर केवल छल रहे होंगे एक दूसरे को, यही कारण होता है कि शीघ्र ही भ्रम टूट जाता है जब वे केवल आदतन साथ रहते हैं परंतु व्यापारिक लेन-देन के व्यवहार के साथ जिस कारण अपनी अतृप्ति के कारण जन्मी खिन्नता के लिए एक दूसरे पर आक्षेपण कर रहे होते हैं। ऐसी स्थिति में उन्हें प्रेम है यह सिद्ध करने के लिए, प्रेम को शब्दों में व्यक्त करने का बार-बार प्रयास करते हैं।

प्रेम को जीने और निभाने के भिन्न-भिन्न तरीके हैं और कोई किसी से न छोटा है न बड़ा है, न सत्य न ही असत्य है। यह केवल विश्वास को निभाने का विषय है।

प्रेम की हर परिभाषा अपने आप में अद्भुत और सत्य है। सबके अपने अनुभव और स्वयं के निभाने के तरीके हैं। प्रेम में जीने वाले सौभाग्यशाली हैं।

मौन थी मैं मौन हूँ, कहती नहीं पर
कह रही हूँ मौन ही, तू सुन जरा

किए कितने जतन, कैसे कहूँ तुमसे सजन मेरे
कि हँसकर कह सकूँ तुमसे, मैं अपनी प्रेम की बातें

प्रकाशित प्रेम भीतर हो, तभी वह प्रेम को माने
रहे खाली समझते फिर कहाँ, तुम दर्द की रातें

प्रेम डगर है कठिन हे राही

प्रेम बड़ा कठिन है परंतु वह आपको निखारकर आपके सच्चे स्वरूप से भेंट करवाता है फिर चाहे कितनी ही बाधाएँ, परेशानियाँ व मतभेद हो जाए।

हमारे भीतर चेतन या अवचेतन मन में पल रहे हर भय से हमारी भेंट करवाता है ताकि हम उस पीड़ा से स्वयं को मुक्त कर सकें, क्योंकि मुक्ति के साथ ही हम पावन और सरल होते जाते हैं इसीलिए प्रेम को कभी कोसना नहीं चाहिए क्योंकि वह जो करे उसमें ही हमारा हित होता है और यह बात हम तब समझ पाते हैं जब स्वयं को सुंदर रूपांतरित पाते हैं।

सच्चा प्रेम हमको सदैव आइना दिखाने का कार्य करता है ताकि अपने भीतर और बाहर के सभी अवगुण और पीड़ा से मुक्त हो अपने पावन और सच्चे स्वरूप से भेंट कर शांति और आनंद प्राप्त कर सकें व स्वयं की आत्मा को प्रेम कर सकें।

जब हम अपनी आत्मा को सत्कार, आदर और प्रेम देते हैं तब जीवन में स्वतः ही प्रेम को आकर्षित कर लेते हैं जिसके परिणामस्वरूप अब प्रेम हमें सत्कार, आदर और प्रेम करने लगता है।

यदि हम स्वीकार लें कि जो हमारे जीवन में घटित हो रहा है उसके उत्तरदायी हम स्वयं हैं तब ही हममें रूपांतरण की प्रक्रिया का आरंभ हो जाता है, और तब हम हर वो गलत, बुरा और पीड़ा को समाप्त कर पाते हैं जिनके हमारे जीवन में होने से हम असहज तथा उलझे रहे। हम वो सब करने लगते हैं जिससे अपने आप को पाने की यात्रा पर चलने के लिए शुभ मार्ग प्राप्त कर सकें। मार्ग मिलते ही हमें वह प्रकाश दिखाई देने लगता है, जिसकी खोज हमारा अवचेतन मन सदैव से करता रहा। हम अपने सच को भी जान पाते हैं की हमारे अवचेतन मन की सदा से क्या पुकार रही।

प्रेम अद्भुत है इसमें डूबते ही आप स्वयं की खोज में निकल जाते हैं, और अपने स्वरूप से भेंट होते ही अलौकिक रूप

धर लेते हैं क्योंकि भीतर की अलौकिकता अब बाहर भी दिखने लगती है जिसके कारण आप अब बाहर और भीतर दोनों रूप से एक समान हो जाते हैं।

जब हमें कोई चोट दे जाता है तो उसे क्षमा कर धन्यवाद करना चाहिए क्योंकि वही हमारा सच्चा साथी है जो हमारे भीतर की पीड़ा और भय को पुनः निर्मित कर सतह पर ले आया ताकि हम स्वयं उससे मुक्ति पाकर निर्मल हो जाएँ। यदि हम उसे क्षमा नहीं करते तो हम स्वयं को और भारयुक्त कर लेते हैं। उसके किये प्रयास को असफल कर स्वयं की ही हानि कर लेते हैं। अपने चेतन व अवचेतन मन के भय, पीड़ा और विकार इन्हें सतह पर लाने में जो सहायक हैं उनका धन्यवाद कहना चाहिए। जिन्हें हम कई जन्मों तक बोझ की तरह ढ़ोते हैं, उस व्यर्थ बोझ से मुक्ति आवश्यक है तभी प्रेम के विशुद्धतम भाव को चख सकते हैं और प्रेम के मार्ग पर निडर होकर बढ़ सकते हैं।

स्वयं से मिलन की यात्रा

जब तक आप स्वयं से नहीं मिल पाते, स्वयं को जान नहीं पाते तब तक प्रेम के सुंदरतम रूप और परम भाव से भेंट नहीं कर पाते।

हम स्वयं को आसपास की भीड़, समाज, परिवार और संबंधों में स्वीकार्य योग्य बनाने में उनके मन मुताबिक ढ़लते जाते हैं जिससे अपने उपर तरह-तरह की परत चढ़ाते जाते हैं और ऐसा करते-करते हम स्वयं के सच्चे स्वरूप को कहीं गहरे छुपा लेते हैं, और वह व्यक्ति बन जीवन व्यतीत कर देते हैं जो सच में हम होते ही नहीं, इसलिए भीतर कहीं एक टीस रह जाती है जिसे हम स्वयं को भी अनुभव नहीं होने देते और जब-जब अंतर्मन पुकारता व कहता है मैं घुट रहाँ हूँ, ये भारी परतें हटा दो, मुझे साँस लेना है... हम उसे अनसुना कर झूठी मुस्कान ओढ़ और एक नई परत चढ़ाने की तैयारी में जुट जाते हैं, अतः हम सांसारिकता से बाहर आ पाने में असमर्थ हो जाते हैं तब प्रेम को भी अपने उन्हीं विचारों के हिसाब से समझना और करना चाहते हैं अर्थात उसपर भी परत चढ़ाना चाहते हैं अतः उसके सच्चे, गहरे और सुंदर स्वरूप से वंचित रह जाते हैं।

जब हम स्वयं से मिलने की यात्रा पर निकल पड़ते हैं तब प्रेम भी मुस्कुराकर हमारे संग चल देता है। अब वह हमें रौशनी बन राह दिखाता है, मुश्किल में साथी बन हाथ पकड़ लेता है, चोट लगने पर सहलाता भी है अर्थात हमें हमसे मिलवाने में पूरी सहायता करता है।

प्रेम का स्वरूप निष्छल, निष्काम, द्वेष व ईर्ष्या रहित है। प्रेम पूर्ण स्वतंत्रता देता है अर्थात तनिक अतिक्रमण नहीं करता बल्कि आपको बिना किसी शर्त के सहस्र स्वीकारता है।

जब हमारी स्वयं से भेंट हो जाती है तो हम उस तथ्य को समझ पाते हैं की हम तो कुछ हैं ही नहीं बल्कि प्रेम ही

एकमात्र हमारा स्वरूप है। अन्य कुछ भी न दिखाई देता है **और** न ही सुनाई देता है अतः जल में जल के विलीन हो जाने के समान हम भी प्रेम में ही विलीन हो जाते हैं। एक प्रेमी का यही मोक्ष है।

यहाँ स्वयं से भेंट होने का आशय है अपने ही दूसरे स्वरूप यानी प्रेम से भेंट होना। अब क्यूँकि प्रेम ही परमात्मा है या कहें परमात्मा ही प्रेम है अतः इसे ही कह सकते हैं आत्मा से परमात्मा का मिलन।

मैं खोजूँ दिन रैन मोहे,
जो खोजूँ मोहे पिया मिलें।
उनसी मैं अब दीखन लागी,
मुझसा हाँ मोरे पिया दिखें।।

स्त्री केवल डूब जाना चाहती है प्रेम के गहरे सागर में व पूर्णतः विलीन हो जाना चाहती है। देव के चरणों में समर्पित हो जाना चाहती है। अतः भटकती है अपने देव की खोज में सारे जीवन। यदि जीवन के किसी पड़ाव में उसे सागर मिल जाय तो उसमें विलीन हो तृप्ति(मोक्ष) को प्राप्त कर लेती है परंतु यदि देव न मिले तो इस खोज की प्यास लिए पुनः जन्म लेती है और जब तक उसे देव न मिले मोक्ष के लिए जन्मों-जन्मों तक भटकती है। **यहाँ स्त्री से तात्पर्य है स्त्री मन...दैहिक रूप से चाहे कोई पुरुष हो या स्त्री जब वे प्रेमी होते हैं, तब मन स्त्री ही हो जाता है।**

प्रेम इतना अधिक सरल है कि वह असाधारण हो गया। इसे परिभाषित करना सरल से भी सरल है तभी गूढ़ता आ गई। इसे व्यक्त कर पाना इतना सरल है कि बिना एक शब्द कहे केवल भाव से अभिव्यक्त हो जाता है। आँखो में बस जाता है, आँसुओं में भीगता है और होंठों पर मुस्कुराता है। किन्तु उसके पास अभिव्यक्ति को शब्द नहीं हैं, गूंगा होता है प्रेम, यही गूढता है अभिव्यक्ति की...

इक बार जो मिलन की प्यास बुझ जाए तो मोक्ष मिल जाता है प्रेम को परंतु प्रेम का सच्चा सुख मोक्ष की प्यास ही है जब मिलन की आस टूटती नहीं और प्यास बुझती नहीं। न जाने कितने जन्म भटकता है प्रेम प्रेमी की खोज व उससे मिलने को परंतु थकता नहीं, रुकता नहीं और न ही टूटता है।

जनम जनम की प्यास है प्रियतम,
जग मिल प्यास नहीं होती कम।
इक भी झलक मिले जो तुम्हरी,
प्रेम से अँखियाँ हो जाती नम।।

जल में जल सा मिल जाएँ हम,
जल को जल की प्यास बुझे।
तुम बिन पल पल हूक उठे हिय,
पिया मिलन की आस जगे।।

मधुर मिलन की आस में.....प्रिय की एक छलक की प्यास में मगन.....बिना थके बिना रुके ऊबड़ खाबड़ तो, कभी धूल से भरी, कभी दलदल सी, तो कभी ऊँचे-ऊँचे पर्वत सी राह पर चलता जाता है और राह पर मिलने वाली हर चोट व घाव पर भी मुस्कुराता है, यह भी कर थोड़ा सुख पाता है की कुछ तो कर पाया।

प्रेम की प्यास में सुख है सारा,
मिलन की आस में हर दुःख हारा।
इक-इक पीर बड़ा सुख देवे,
अँखियन अश्रु बहे सुख धारा।।

बिना देखे, बिना मिले व बिना स्पर्श किये भी प्रेम अनुभव करना व इक गहरी प्यास जग जाना यही प्रेम है।

प्रियतम की एक झलक पाने को आतुर मन न जाने कितनी सदियाँ बिता देता है बिना डगमगाये। कभी अँखियाँ बरसती हैं, कभी हँसती है, कभी पाँव चलना ही भूल जाते हैं, तो कभी हँस-हँस कर थिरकते है।

एक पल कुछ और तो दूजे पल कुछ और अभिव्यक्त होता है ...तभी अन्य जन प्रेमी को बावरा कहते हैं... प्रेमी का हाल केवल प्रेमी ही समझ सकता है..

प्रेम का सार ही प्रेम की प्यास और मिलन की आस के मध्य है।

नदी की सागर से मिल जाने की आतुरता और विलीन हो जाने के मध्य की यात्रा ही प्रेम है।

प्रेम सबसे सरल मार्ग है स्वयं से भेंट करने का। वह आपको ऐसे मार्ग पर लेकर चला जाता जहाँ आप खोजी हो जाते हैं। बिना डरे बस चलते जाना, जहाँ प्रेम स्वयं सारे मार्ग प्रशस्त करता जाता है। आँखे वह नही देख पाती जो भाव देख पाते हैं। सब अदभुत व आश्चर्यजनक परंतु सुंदर देखने और अनुभव करने को मिलता है। सब कितना अलौकिक है यह समझ आता है। प्रेम का इस जग की रीति से कोई सरोकार ही नहीं, यह आत्मा का आत्मा से मिलन है जब दोनों मिलते हैं एक ही ऊर्जा पुंज हो जाते हैं जिस प्रकार प्रकाश से प्रकाश मिल कर एक ही प्रकाश हो जाता है।

प्रेम के जन्म की परिस्थिति

प्रेम जब प्रभाव से जन्म लेता है तो सरलता और समर्पण लाता है और यदि प्रयास से जन्म लेता है तो अहंकार लाता है।

जो स्वत: घटता है और स्वयं को भनक भी नहीं लगती बस वही प्रेम है।

जहाँ प्रेम के लिए प्रयास करना पड़े और योजना के अनुसार प्रेम का जन्म बड़े प्रयास से कराया जाय तो जो भी जन्म लेगा वह प्रेम नहीं होगा क्योंकि प्रयास करने वाले में कर्ता होने का अहंकार जन्म लेता है और जहाँ अहंकार हो वहाँ समर्पण नहीं हो सकता अर्थात प्रेम नहीं हो सकता।

प्रेम और समर्पण सिक्के के दो पहलू हैं। जहाँ समर्पण है वहाँ प्रेम है या कहें जहाँ प्रेम है वहाँ समर्पण है।

कहो पिया कहाँ जान सकी मैं,
किस दिन मोरे नैनन तुम बस आये।
दिन रैन तुम्हें ही ध्याय रही पिया,

कब भई तुम्हरी कछु समझ न आये।।

तुम पर ही सब न्योछार गई,
मोरा तन मन सब कुछ वार गई।
इक-इक श्वास जपूँ बस तोहे,
तोहे रोम-रोम से पुकार गई।।

त्याग प्रेम की भूमि है, धैर्य उसका भोजन, समर्पण श्रृंगार है और सेवा उसका संस्कार है। इन सबसे मिलकर ही प्रेम फलित होता है व खिलकर सुगंध बिखेरकर माधुर्य घोलता है। जिससे हृदय तृप्ति से भर देता है। अद्भुत है प्रेम, जो इस रस को चखा तो क्या ही चखा, जो इसे न जिया तो क्या ही जिया।

सब कुछ पढ़कर, सुनकर या समझकर जान सकते हैं व प्राप्त भी सकते हैं परंतु प्रेम बिन जिये या बिना किये न जान सकते हैं न समझ सकते हैं और न प्राप्त ही सकते हैं। जब सच में प्रेम हो जाये तब समझ आता है कि जो अब तक जाना वो मिथ्या व आडम्बर था।

गुण खाये बिना स्वाद कैसे जान सकते हैं और जो जान जान भी लें तो शब्दों में कैसे व्यक्त कर सकेंगे। बस जो खाये वही जाने। प्रेम भी ऐसा ही है, तभी समय की धारा में हर अंतराल में प्रेमी (सरस) और नीरस जन के विचार, चरित्र और समझ में सदा विरोधाभास रहा है।

जब प्रेम हुआ तब जाना है,
प्रेम न खोना पाना है।

त्याग धैर्य समर्पण सेवा,
बस इतना मोहे निभाना है।।

चेतना का स्तर ही तय करता है कि आप प्रेम को कितना जी और समझ पाते हैं। देह की उम्र का इस बात से कोई संबंध नहीं है कि आप प्रेम को कितना अनुभव कर उसे समझ सकते है या प्रेम को सच्चे स्वरूप में जी सकते हैं।

यदि आप चेतना के स्तर में ऊँचाई पर पहुँच जाते हैं तो आपको प्रेम के स्तर पर भी ऊँचा माना जायेगा।

यदि प्रेम में सांसारिक(सामाजिक) नियमों व चलन के प्रति सजगता बनी रहे तो आप प्रेम को निर्भय होकर विशुद्ध रूप में नहीं जी सकेंगे, क्योंकि सामाजिक नियम क्षेत्र और सभ्यता के आधार पर भिन्न-भिन्न होते हैं जो कि बस थोप दिए जाते हैं, परंतु प्रेम को न थोपा जा सकता है न ही रोका जा सकता है अतः नियमों से परे हो जाने में ही विशुद्ध भाव से प्रेम को जिया जा सकता है।

प्रेम केवल मधुर पीड़ा ही दे सकता है, गंगाजल जैसे अश्रु दे सकता है जो कि तन मन सब निर्मल कर हममें दिन प्रति दिन सुंदर परिवर्तन करता जाता है। सबसे बेशर्त प्रेम करने की कला आ जाती है। प्रकृति और प्रकृति से जुड़े हर जीव अथवा निर्जीव सबसे एक अद्भुत संबंध अनुभव होने लगता है। सभी के प्रति प्रेम का जन्म होने लगता है। निष्काम व निष्छल भाव से अवगत कराता है, प्रेम हमें त्याग, समर्पण, सेवा और धीरज सिखाता है।

प्रेम पाने के लिए अभिमान त्यागना होता है। प्रेम को सबकुछ न्योछावर करना होता है। सर झुकाने से सारे विकार मिटते ही सारी मैल धुल जाती है।

प्रेमी के लिए प्रेम ही सर का ताज होता है, दूसरा ताज रहा तब प्रेम न रहेगा क्योंकि प्रेम स्वयं ताज है, अतः एक साथ दो-दो ताज धारण नहीं किये जा सकते इसलिए जब श्री कृष्ण को प्रिया जी की शरण में आना होता है तब

वह द्वारकाधीश बनकर नहीं आते बल्कि ताज उतार कान्हा बन उनके आगे नतमस्तक हो जाते हैं, बस फिर प्रेम बरस पड़ता है।

प्रेमी हृदय तो चाहता है कि उसका रोम रोम आँखें हो जाये कि प्रियतम को देखने को और मिल जाये।

जब प्रियतम सम्मुख हो तो देखा भी न जाय और देखें बिना रहा भी न जाय। अपनी ही नज़र न लग जाये इसकी फिक्र भी सताती है।

प्रेम की मृत्यु की स्थिति

जब तक प्रेम कठिन परीक्षाओं से गुजर कर तपता नहीं तब वह बहुत कमजोर होता हैं, जिसे हल्की सी आँधी भी उखाड़कर फेंक सकती है। जैसे ही तनिक कठिन परिस्थिति बनती है या परीक्षा की घड़ी आती है प्रेमी सबसे पहले अपने प्रेम की ही आहुति देने को तैयार हो जाता है उसके इस भाव से ही प्रेम घुट-घुट कर

अपमानित मृत्यु को प्राप्त हो जाता है। साथ ही वह पुनः जन्म लेने की संभावना को भी मिटा जाता है, जिससे नये रूप में प्रेम को जी पाना असंभव हो जाता है अतः अंततः प्रेमी स्वयं के अपराध को स्वीकार कर जीवन पर्यन्त भारी पीड़ा में जीने को विवश हो जाता है।

जैसा कि हम जानते हैं कि परमात्मा ही प्रेम हैं जो कि सदैव चेतना के रूप में हमारे भीतर अर्थात इस पंचभूत देह में उपस्थित होते हैं परंतु कर्म की मैली परत के नीचे यह धारा दबी होती है, चित्त शुद्ध तभी होता है जब कर्म शुद्धि होती है, तथा चित्त की शुद्धता होते ही प्रेम की धारा भीतर से बाहर भी बहने लगती है परंतु यदि हम पुनः कर्मों को अशुद्ध कर लें तो वह पुनः मैल की परतों के नीचे दब जाती है, और इसे ही प्रेम की मृत्यु कहा गया परंतु **सत्य यह है कि प्रेम दब सकता है, छिप सकता है परंतु कभी मिट नही सकता।**

प्रेम को तपन सहने की शक्ति और बल आध्यात्म प्रदान करता है अतः जो आध्यात्मिक होते हैं वे ही हर परीक्षा पास कर सोने सा निखर विशुद्ध प्रकाशित होते हैं बाकि परीक्षाओं के आगे घुटने टेक हार स्वीकार कर मिट जाते हैं।

आध्यात्मिक हुए बिना प्रेम के सच्चे स्वरूप को समझ पाना और उस विशुद्ध भाव को जी पाना असंभव है। जो आध्यात्मिक न हुए वे प्रेम को बड़े ही छिछले स्तर पर ही कर और देख पाते हैं और जब तक परीक्षा की घड़ी नहीं आती स्वयं को महान पराक्रमी प्रेमी घोषित करके रखते हैं परंतु हवा का एक

हल्का झोंका भी इनके प्रेम की जड़ें हिला कर गिरा जाता है और वे असफल हो जाते हैं।

प्रेम भक्ति है
परम शक्ति है
हृदय है मंदिर भाव का
तपकर निखरोगे जितना
खिल जाओगे अनुराग सा

प्रेम पुष्प की भाँति ही खिलता और मुरझाता है। जितना सुंदर कोमल रसीला पुष्प होता है वह साँझ तक मुरझा जाता है, वहीं जितना रूखा बेरंग पुष्प होगा वह महीनों तक वैसा ही ठूंठ सा खिला रहता है। यह प्राकृतिक व्यवस्था है ताकि सच्चे आनंद का मूल्य समझा जा सके। ठीक पुष्प की भाँति ही प्रेम के खिलने से मुरझाने तक की यात्रा है। जितना गहरा उतना शीघ्र मुरझाता है परंतु जो छिछला और रूखा हो सालों साल नहीं मुरझाता परंतु वह उतना आनंददाई नहीं होता। जैसे बिना किसी मिलावट के ताजे फलों का रस बहुत स्वास्थ्यवर्धक तथा स्वादिष्ट होता है परंतु केवल कुछ समय के लिए ही अच्छा रहेगा परंतु वहीं पर मिलावटी जूस काफी लंबे समय तक चलता है जो कि हानिकारक भी होता है।

प्रेम पुष्प सूखकर अपनी मीठी सुगंध को समेट लेता है और पुनः नये पुष्प के रूप में हर रोज ताजगी से भरकर नवीन रूप धरकर खिल उठता है। प्रेम की मृत्यु प्रेम के

अस्तित्व की समाप्ति नहीं है अपितु पुनर्जन्म की यात्रा का आरंभ होता है। प्रेम का जन्म बारंबार होता है।

प्रेम स्वतंत्र भाव है अतः वह किसी भी प्रकार के नियमों का बंधन नहीं स्वीकारता। **यदि प्रेम को बंधक बनाकर रखने का प्रयास होता है तब वह किसी प्रकार का भी विरोध किये बिना उदासीन हो जाता है** अर्थात हर प्रकार के बंधन से अपने आपको मुक्त कर पंछी की भाँति उड़ जाता है। जिस प्रकार बिना दस्तक दिए आया था ठीक उसी प्रकार किसी प्रकार की ध्वनि किए बिना मौन ही पलायन कर जाता है। जब तक समझ आता है कि चूक कहाँ हो गई तब तक अत्यधिक देर हो चुकी होती है। प्रेम सच्चे पुष्प की भाँति होता है अतः यदि उसे तनिक भी हानि पहुँचाई जाय तो बिना प्रतिरोध के सूख जाता है। **नकली पुष्प सदैव खिले प्रतीत होते हैं तभी नाटकीय प्रेम संबंध वर्षों तक एक ही ढ़र्रे पर चलते ही जाते हैं परंतु सच्चा प्रेम अत्यंत कोमल होता है।**

प्रेम कोमल और विशुद्ध होता है अतः विषैली परिस्थिति में वह मुरझा जाता है, यह बात पूर्वज जानते थे तभी जब उन्हें प्रेम संबंध को तोड़ना होता था तब प्रेमियों के लिए विषैली परिस्थिति बना देते थे ताकि प्रेम कमल पूर्ण खिलने से पूर्व ही मुरझाकर उदासीन हो जाय।

प्रेम में स्त्री हो जाना

स्त्री हो जाने का आशय है बिना किसी संशय व तर्क के समर्पण की स्थिति को प्राप्त करना। बिना किसी प्रकार के घर्षण के पूर्णतः डूब जाना प्रेम सागर में। प्रेम में जब अत्यंत गहरा भाव जागता है

तब शारीरिक भाव नष्ट हो जाता है अर्थात वह शारीरिक रूप से स्त्री है यह भाव भी बिसार देती है, तब साज व श्रृंगार का कोई प्रयास या आवश्यकता भी नहीं रह जाती है। भाव ही देह, श्रृंगार, प्रेम व प्रेमी भी हो जाते हैं। बस यही प्रेम में पूर्णता की अनुभूति है, जहाँ सबकुछ उपस्थित हैं या आकाश जितना अनंत सबकुछ शून्य है जिसके विस्तार में ही सबकुछ समाया है।

पुरुष या स्त्री जब तक प्रेम में स्त्री नहीं हो जाते प्रेम की गहराई में डूबने का आनंद नहीं प्राप्त कर पाते, न ही प्रेम में पूर्णता को प्राप्त कर सकते हैं। बिना स्त्री हुए प्रेम में तर्क और छिछलापन होता है जिससे उसके बदल जाने या बिखर जाने की आशंका सदैव बनी रहती है परिणामस्वरूप सच्चा संपूर्ण समर्पण नहीं हो पाता अतः प्रेम को पूर्णता प्राप्त नहीं हो पाती और तब वह संबंध बोझ बन जाता है जिसमें प्रेम सिद्ध करने को अनेकों तरह के नाटक, ढ़ोंग व जतन करने पड़ते हैं।

मै न जानूँ जोड़ घटाना,
न चाहूँ बदले कछु पाना।
साज श्रृंगार न होवे मोसे,
देह मुक्त है भाव सुहाना।।

मैं मोहे न देख सकूँ अब,
भया अनंत यह प्रेम स्वरूप।
न कोई नाप न जोख रहा जी,
प्रेम सुगंध बहे बहुरूप।।

ममता, दया व प्रेम

प्रेम विशुद्ध व निष्काम होता है क्योंकि वह अलौकिक भाव है जिसका जन्म या मृत्यु अथवा सांसारिक भौतिक देह से कोई संबंध नहीं।

सामान्यत: मनुष्य ममता या दया को ही प्रेम समझने की भूल करता है अत: छलता है या छला जाता है क्योंकि वह यह समझ नहीं रखता की ममता और दया भौतिक हैं जो कि दैहिक रासायनिक क्रिया द्वारा होते या नहीं होते हैं और कम या अधिक होते हैं। जैसे कि कुछ मनुष्य या जानवरों में अधिक ममता होती है वहीं कुछ में कम दया, अधिक दया या बिल्कुल निर्दयता होती है। यह सब कुछ देह के आधार पर हो रहे रासायनिक क्रिया के परिवर्तन पर निर्भर करता है, परंतु **चेतना के जागृत होने पर जब आध्यात्मिक प्रकाश होता है तब भीतर उपस्थित विशुद्ध प्रेम भाव प्राप्त होता है।** यह वह अनमोल मोती है जो भीतर गहरे कहीं छुपा होता है जिसे प्राप्त करने के लिए आध्यात्मिक प्रकाश की आवश्यकता पड़ती है। सांसारिक मायावश एकत्रित की गई अशुद्धियों की परतों से ढंककर प्रेम दिखाई नहीं देता, परंतु सभी में उपस्थित होता है। हम सब इसे ही अन्य व्यक्ति या वस्तु

में खोजते रहते हैं और बार-बार निराशा मिलने पर छुब्ध होकर अन्य पर आक्षेप भी लगाते हैं, परंतु इसे स्वयं में ही खोजने का प्रयास नहीं करते जबकि वह हमारे भीतर ही उपस्थित होता है, बस स्वयं की भीतरी चेतना को जागृत कर आध्यात्मिक प्रकाश

में देखने की आवश्यकता होती है परंतु अज्ञात भयवश हम संसार अन्य पर आक्षेप भी लगाते हैं परंतु इसे स्वयं में ही खोजने का प्रयास नहीं करते जबकि वह हमारे भीतर ही उपस्थित होता है, बस स्वयं की भीतरी चेतना को जागृत कर आध्यात्मिक प्रकाश में देखने की आवश्यकता होती है परंतु अज्ञात भयवश हम संसार की उथल-पुथल में ही खोए रहना चाहते हैं और प्रेम के स्पर्श के बिना सदैव अज्ञात पीड़ा से ग्रसित रहते हैं।

भीतर छुपा अनमोल मोती
पा सकोगे जब सुनों।
मिल सकोगे स्वयं से तुम
प्रेम की कलियाँ चुनों।।

ज्ञान के जलते दिए में
देख भीतर झाँक कर।
है छुपा अपना खजाना
खो न देना भाग कर।।

प्रेम से संतुलन की प्राप्ति

प्रेम हमारे भीतर अर्धनारीश्वर स्वरूप को जागृत करता है जिससे हम पहले कभी अवगत नहीं हुए होते (हम सब स्त्री और पुरुष तत्व से मिलकर बने हैं... अतः इनका संतुलन होना आवश्यक

है.. तभी हम सही मायने में पूर्णता को प्राप्त करते हैं)। प्रेम के जन्म के साथ ही हम यह आभास कर पाते हैं कि हम स्वयं में ही संपूर्ण हैं। शिव व शक्ति दोनों ही स्वयं में ही विद्यमान हैं।

प्रेम ही हमारे भीतर शिव शक्ति को संतुलित करता है, क्योंकि प्रेम के साथ ही ज्ञान की सभी बंद किवाड़ खुल जाती है। यदि हमारे भीतर हम शिव और शक्ति ऊर्जा को संतुलित कर पाते हैं तो हमारी क्षमता उच्च कोटि की हो जाती है।

शक्ति का तत्पर्य रचनात्मक क्षमता, ऊर्जा व वेग से है और शिव का तात्पर्य है निर्णय लेने की क्षमता, दिशा, निर्देशन, दृढ़ता व संकल्प अतः यदि हम अपनी रचनात्मक शक्ति को सही दिशा में निर्देशित करते हैं तो महान कार्य को पूरा कर सकते हैं।

शक्ति स्वयं को शिव को समर्पित कर देती है कि मेरा किस प्रकार उपयोग करना है यह आप निर्धारित करें अतः यह शिव का उत्तरदायित्व है कि वह शक्ति का उपयोग उचित कार्यों के लिए करें अर्थात वेग को सही दिशा दी जाय। जैसे यदि हम यह मान लें कि रथ से बंधे हुए ऊर्जा से भरे घोड़े वेग हैं और सारथी व लगाम दिशा का निर्णय करते हैं ताकि लक्ष्य को प्राप्त किया जा सके।

यदि हमारे भीतर शिव और शक्ति का संतुलन नहीं तो यह दुरुपयोगी और विनाशकारी है, क्योंकि तब हम अपनी ऊर्जा व रचनात्मकता को किसी भी तरह व्यर्थ ही व्यय करते जाएँगे।

"जैसे की यदि एक व्यक्ति बहुत फुर्तीला और चतुर है परंतु उसे सही निर्णय लेने की समझ नहीं है तो वह अपनी इस कला का उपयोग लोगों की जेब काटने या लूटपाट में लगाता

है...परंतु यदि वह रचनात्मक का उपयोग अच्छे वो महान काम के लिए करता तो महान लक्ष्य को प्राप्त करता।"

हमारा वाम अंग शक्ति को दर्शाता है और दाहिना अंग शिव को।

दाहिना भाग दृढ़ता और बल को दर्शाता है व वाम भाग करुणा, दया व प्रेम यानि भावनाओं को दर्शाता है।

भावनाएँ ही हमारी शक्ति हैं, चाहे वे जिस भाव में हो। यदि भावनाएँ सकारात्मक हो तब वे बड़े सकारात्मक कार्य कर जाती हैं और वहीं यदि नकारात्मक भाव हो तब बड़े विनाशकारी कार्य कर जाती हैं। **हम जितने शुद्ध भावपूर्ण होते हैं उतने ही शक्तिशाली दृढ़संकल्पित होते हैं**, जिससे हमें निर्णय लेने और दिशा तय करने में सहायता प्राप्त होता है अत:

यह संयोग(शिव शक्ति संतुलन)आवश्यक है। **स्त्री व पुरुष गुण का संतुलन ही संबंधों और जीवन में सुंदरता व संतुलन लाता है।**

प्रेम से भरा हृदय ही हमारी अंत: चेतना को जागृत करता है। प्रेम के बिना जागरण संभव नहीं।

हम या तो प्रेम कर सकते हैं या तार्किक हो सकते हैं। जहाँ तर्क है वहाँ समर्पण कभी नहीं हो सकता और जहाँ समर्पण नहीं वहाँ प्रेम विशुद्ध नहीं हो सकता।

प्रेम जब विशुद्ध होगा तभी संपूर्ण विश्वास जगता है और मनुष्य भय मुक्त हो जाता है। भय से मुक्ति हमको पूरी तरह जागरण में सहायक होता है तथा हमारी क्षमता बढ़ाता है और हमारे विचारों में विस्तार प्रदान करता है।

प्रेम करी न डरी जग से,
न डरूँ आँधी तूफान से।
राह पड़ें चाहे कंकड़ पत्थर,
न निकले पी बिन प्राण रे।।

भय एक ऐसा विकार है जो हमारी हर क्षेत्र में प्रगति में बाधक होता है, यहाँ तक की हमारे हृदय को भी मलीन करता है और संबंधों को भी जटिल कर देता है तथा हमारे भीतर किसी भी प्रकार के विकास में बाधक होता है।

जहाँ तर्क हो वहाँ प्रेम नहीं हो सकता क्योंकि प्रेम एक ऐसा विशुद्ध समर्पित भाव है, जो विश्वास कर लेने भर से आनंद

से भर देता है। झूमना, मुस्कुराना, रोना, हँसना, गीत गुनगुना और स्वयं से बतियाना सब अद्भुत है परंतु यदि एक भी प्रश्न उठ गया तब तर्क का जन्म होगा और जहाँ तर्क होगा वहाँ दर्शन होगा विज्ञान होगा विज्ञान के साथ ही प्रेम की अनुभूति समाप्त हो जायेगी। सारी मधुरता, रस और मिठास समाप्त होकर सब सूखा और रूखा हो जाएगा।

जिस तरह जानवर जो खाता है उसी को पगुराता है, ठीक उसी प्रकार यदि एक भी प्रश्न जगा तो चित्त उसी के इर्द-गिर्द तर्क कुतर्क करता रहेगा। दिन रात उसी का चिंतन। एक पल को भी खाली नहीं रह पाएगा, परिणामस्वरूप शांति ही खो जाएगी, फिर आनंद की अनुभूति कैसे हो सकेगी, सब रूखा सूखा हो जायेगा।

जो हृदय तार्किक न होकर केवल प्रेमी हैं वही सदैव आनंदित है। प्रेम धार्मिक है जिसने ही इस धरती पर धर्म को बचा रखा है वरना तर्क दर्शन और विज्ञान ने धर्म को क्षति ही पहुँचाई है, तभी इस धरा पर अशांति व अवसाद ने जन्म लिया।

हम पूरा जीवन तार्किक होकर ही जीना चाहते हैं ताकि तर्कों से स्वयं को सदैव सही और उच्च कोटि का सिद्ध कर सकें, यहाँ तक की संबंधों में भी प्रेम को तर्क के द्वारा सिद्ध करने का प्रयास करते हैं, तब बड़ी गणित समझाते और लगाते हैं और अंततः वह भी व्यापार का सौदा ही हो जाता है परंतु यह तिकड़मबाज मन अपने हृदय और विचारों को दूषित नहीं स्वीकारता, बस तर्क पर तर्क करता है।

इस तरह जब हम अशुद्ध रह जाते हैं तो विशुद्ध प्रेम कभी जन्म ही नहीं ले पाता।

आकर्षण हेतु श्रृंगार

प्रेम आकर्षण से समर्पण की यात्रा है जिसमें पुरुष रूप सौंदर्य पर आकर्षित हो जाता है परंतु स्त्री अकारण आकर्षित हो बैठती जिसमें केवल व्यक्तित्व या अमुक व्यक्ति हो सकता है जिसमें अन्य में

कोई भी गुण या सुंदरता न दिखें यही कारण है कि स्त्री कभी भी प्रेम अथवा समर्पण हो जाने के पीछे का कारण नहीं बता पाती अपितु वह समर्पित होने से स्वयं को रोक भी नहीं पाती। यह भी नहीं जान सकती कि किन कारणों से वह प्रेम में पड़ गई। स्त्री इस बात से अंजान होती है कि वह ईश्वर की ऐसी रचना है कि प्रेम देने में ही सुख अनुभव करेगी अतः वह प्रेम देने को आतुर अकारण ही प्रेम रस से भरकर छलकने लगती है और इसी कारण आमजन मानस द्वारा मुहावरा भी कहा गया कि प्रेम अंधा होता है परंतु पुरुष को शारीरिक सुंदरता से ही आकर्षण होता है तभी वह समर्पण तक की यात्रा तक पहुँचता है यही कारण है कि स्त्री पुरुष का प्रेम और समर्पण प्राप्त करने हेतु साज सज्जा और श्रृंगार को अपनाने को विवश होती है और यही मूल कारण रहा सामाजिक दृष्टिकोण से समय के साथ श्रृंगार स्त्रियों पर थोप दिया

गया और इस में भी स्त्रियों को ही दोषी ठहराया गया कि स्त्री बिना श्रृंगार रह नहीं सकती क्योंकि यह उसकी कमजोरी है जबकि इसके उलट पुरुष की पसंद श्रृंगार है। स्त्री बिना किसी आडंबर के ही सब स्वीकार लेती है यही कारण है कि पुरूष को श्रृंगार की आवश्यकता ही नहीं पड़ी। स्त्री भावना प्रधान है अतः पुरुष को स्वयं को सदैव ताजा और सजा हुआ बनने की आवश्यकता नहीं होती परंतु पुरुष तर्कित होने के साथ काम प्रधान है अतः स्त्री को सदैव पुरुष को आकर्षित करने हेतु श्रृंगार व सजावट की आवश्यकता होती है। जो पुरुष, पुरुष भाव से परे हो गये अर्थात जिनमें स्त्री सी गहरी भावना जागती है प्रेम की, वे व्यर्थ के श्रृंगार रूपी आडंबरों से प्रभावित नहीं होते अतः उन पुरुषों के सम्मुख स्त्री सच्चे सादे स्वरूप में प्रस्तुत होती है और बिना किसी प्रकार के संकोच या भ्रम के प्रेम के भाव को अनुभव कर सच्चे आनंद को प्राप्त करती है।

अभिवादन से प्राथमिकता

जिसमें स्वागत मिलता है उसमें स्वार्थ और लाभ दिखने लगता है अतः मनुष्य उसे ही बढ़ाने लगता है।

यदि हम दुःख को सहानुभूति देते हैं तो दुःख अधिक बढ़ता है, वहीं यदि सुख या सुंदर के प्रति प्रेम दर्शाते हैं तो सुख और सुंदरता बढ़ती है।

यहाँ एक और भी बात गौर करने की है कि जो हम दूसरों से बाँटते है वही दूसरे भी हमें बाँट जाते हैं जैसे कि यदि अपना दुखड़ा किसी के सामने रोया तो सामने वाला भी अपना दुखड़ा आपको सुनाएगा। ये कुछ ऐसा है कि अपना कचरा आपने उनके घर डाला और उन्होंने अपना कचरा आपके घर डाल दिया, यहाँ पर बस कचरे का आदान प्रदान हुआ। तनिक विचार करिए भला कचरे से कौन प्रेम कर सकता है बल्कि उसकी तो दुर्गंध ऐसी होगी कि पास बैठने को भी जी न करे अतः आवश्यक है कि हम सुख बाँटे ताकि अन्य भी हमको सुख ही बाँटें और हमें बार-बार प्रेम से मिलना, सुनना और देखना चाहें।

दुःख कोई बाँटने की वस्तु नहीं। दुःख में मौन रहना चाहिए जिससे धीरे-धीरे मौन में ही घुलकर नई ऊर्जा में परिवर्तित होकर हमें साहस प्रदान करे अतः दुःख स्वयं तक ही सीमित रखना चाहिए।

हम प्रेम बाँटेंगे तभी अन्य भी हमे प्रेम ही बाँटेंगे, तब हर तरफ प्रेम ही सुनाई या दिखाई देगा जिससे प्रेम दिन दूना रात चौगुना बढ़ेगा। तब हम पाएँगे कि सब कुछ प्रेममय हो गया है जिससे दुःख, पीड़ा, घाव या सूनापन कुछ भी नहीं रहा सबकुछ मिटता गया। अब बस केवल और केवल प्रेम ही रह गया।

प्रेम सुगमता या सरलता नहीं प्रदान करता अपितु सत्य प्रदान करता है चाहे वह सत्य कड़वा ही क्यों न हो।

प्रेम सच्चा आइना बनकर सामने खड़ा हो जाता है, जब सारी अच्छाई और बुराइयों से पर्दा हटाकर नग्न कर देता है। प्रेम ज्ञान रूपी मथनी से ह्रदय को मरकर मैल रूपी झाग को ऊपर ला देता है जिससे उसे पृथक कर शुद्ध हो सके जिसके पश्चात ही सच्चा आनंद और शांति प्राप्त होती है।

स्वतंत्र भाव ही प्रेम है

प्रेम स्वतन्त्र है तभी सुंदर है क्योंकि स्वतंत्रता ही सच्ची मुस्कान देती है और सच्ची मुस्कान ही जीवंतता देती है यही जीवंतता ही हरियाली और सुंदरता प्रदान करती है।

यदि प्रेम को कैद कर लिया तो वह उदास हो चलेगा और उदासी से वह बदसूरत दिखेगा फिर आकर्षक नहीं दिखेगा तब भ्रम होगा कि वह प्रेम ही है या कुछ और।

प्रेम का आकर्षण, माधुर्य और सौंदर्य उसकी स्वतंत्रता में ही निहित है।

मेरा तेरा का भाव आते ही अहंकार जन्म लेता है, अहंकार ही अतिक्रमण या पूर्णाधिकार की चेष्टा का जन्म करता है और अतिक्रमण होते ही प्रेम नष्ट होना शुरू कर देता है, और शीघ्र ही समाप्त हो जाता है अर्थात प्रेम अपने फैली ऊर्जा को समेट कर वापस सिमट जाता है इसके फलस्वरूप बस रह जाता है केवल देह पर अधिकार।

मैं पंछी हूँ रे पंख पसारे
नील गगन आजाद उड़ूँ।
मुस्काऊँ इठलाऊँ गाऊँ
हिय से पिय की दिन रैन कहूँ।।

न पिंजरा देना पिया मोहे
नाही घुट घुट मर जाऊँगी।
पवन बिना कित श्वास भी लूँगी
कहो कैसे खिल मुस्काऊँगी।।

ज्ञानी ज्ञान से प्रेम पर तर्क कर सही ग़लत समझने और समझाने की बड़ी भूल करता है जबकि प्रेमी हो जाने के पश्चात ज्ञान स्वतः आ जाता है परंतु प्रेमी उसे अपने सर चढ़ने नही देता

है। प्रेम को पढ़कर या ज्ञान प्राप्त कर न पाया, न समझा, न अनुभव और न ही परिभाषित किया जा सकता है।

सबके प्रेम को जीने के तरीके और अनुभव भी अलग-अलग हैं, अतः परिभाषाएँ भी अनंत है परंतु सभी सत्य भी है। कोई भी न असत्य हैं न ही मिथ्या।

प्रेम केवल एक सुंदर भाव है, जो जैसे जी ले वही अद्भुत है। **प्रेमियों को कभी कम या अधिक, सही या ग़लत व उचित या अनुचित जैसे भारी शब्दों से तौला नहीं जाता है। प्रेम अपने आप में ही बहुत अनूठा है, जिसे किसी से प्रमाणित होने आवश्यकता नहीं है।**

मैं हूँ प्रेम जियूँ बहुरूप
कभी छाँव कभी लागूँ धूप।
सबमें है मेरी अलग सुधा
बहती है जो धरे रूप अनूप।।

शील विशुद्ध मीठा जल

शील शुद्ध चैतन्य में होता है, जो जन्म से पूर्व ही मिल जाता है। जन्म के साथ हम समाज और परिवार का संस्कार स्वयं पर सजा

लेते हैं, ठीक उसी प्रकार के चरित्र का निर्माण कर लेते हैं परंतु हम स्वयं इससे परे होते हैं। चरित्र निर्जीव सजावटी गुलदस्ता है जो सुगंध रहित है।

शील कहीं गहरे छुपा शुद्ध मीठा जल है जिसे पाने के लिए स्वयं के भीतर सबसे गहरे उतरना होता है। ऊपरी स्तर पर तो अशुद्ध व बदबूदार जल ही उपस्थित होता है जो हम जन्मों- जन्मों से कर्म तथा सामाजिक ताने-बाने से लेकर आते हैं, जो कि सबके लिए अलग-अलग होता हैं, वह है परिवार व समाज से मिला चरित्र और संस्कार, परंतु भीतर जो शील है वह सुगंधित पुष्प सबमें एक समान है जिसने गहरे प्रवेश कर खोजा वह पा जाता है अन्यथा सजावटी निर्जीव पुष्प में ही अटक कर रह जाता है।

प्रेम को भी वही विशुद्ध रूप में प्राप्त करके अनुभव कर सकता है जो शील को प्राप्त कर ले।

प्रकृति में ही सारी ऊर्जा निहित है। प्रकृति अवचेतन है तथा पुरुष चेतन है। पुरुष का प्रकृति से मिलन ही उसमें ऊर्जा का संचरण करता है जिसे वह चेतना के साथ ऊर्जा का सही उपयोग कर सकता है। ऊर्जा के वेग को सही दिशा का बहाव दे सकता है ठीक इसी प्रकार पुरुष का प्रकृति से मिलन ही सुंदर प्रेम को जन्म देता है, फिर चाहे वह भीतर घटे या बाहर।

प्रेम भावनात्मक ऊर्जा का बहाव होता है, जिसे जब सुंदर दिशा मिलती है, तब वह विशुद्ध हो जाता है, जहाँ से स्वयं को प्राप्त कर लेने की यात्रा आरंभ होती है। यह प्रेम

ही परमात्मा से मिलन का मार्ग प्रशस्त करता है तथा परम शांति की प्राप्ति के द्वार खोलता है।

प्रेम यात्रा सरल नहीं परंतु सौभाग्यमय है। यदि आप को यह यात्रा प्राप्त हुई है तब आप स्वयं को भाग्यशाली मान लें। बहुत सी छोटी-बड़ी परीक्षाओं के लिए स्वयं को तैयार कर लें। जैसे-जैसे आप इस यात्रा में आने वाली परिक्षाएँ मजबूती और धीरज के साथ उत्तीर्ण करते जाते हैं, तब आप पाते हैं कि यह भौतिक देह के मिलन का विषय बिल्कुल नहीं हैं, अंततः सूक्ष्मता से भाव का भाव में घुल जाना अर्थात आत्मा का आत्मा से या आत्मा का परमात्मा (जैसे जल का जल में मिल जाना)में विलय हो जाना ही प्रेम मिलन है।

आप शारीरिक रूप से दूर होकर भी सूक्ष्मता से एक दूसरे से सदैव जुड़े ही होते हैं। जिस प्रकार जल की एक बूँद हो तब भी वह जल है और दो बूँदें मिला दें तब भी वह जल ही होती है, ठीक इसी प्रकार प्रेम मिलन हमें इस सत्य से भेंट कराकर स्वयं में ही संपूर्णता का भाव प्रदान करता है।

प्रेम अर्जन है जन्मों जन्मों का, तपस्या है, आराधना है, प्रार्थना है, समर्पण है, त्याग है, प्रतीक्षा है.....।

जन्मों जन्मों की पूँजी हो,
मेरे हृदय की खिलती ज्योति हो।
माँगा जिसको हर दुआ में है,
अनमोल वही तुम मोती हो।।

जिसने जो अनुभव किया वहीं कहता गया परंतु उनमें से कोई भी ग़लत नहीं, क्योंकि मार्ग कैसा भी हो, कोई भी हो, अंततः पहुँचना एक ही स्थान पर है हर प्रेमी को। लक्ष्य तो एक ही है।

जिसने जिस मार्ग को चुना या प्रकृति द्वारा जो मार्ग प्रशस्त किया गया उनके अनुभव सबके अलग ही होंगे या कभी कुछ के एक समान भी हो सकते हैं अतः सभी सत्य ही हैं।

हाँ इसे पढ़कर, सुनकर या कल्पना करके न ही अनुभव कर सकते हैं, न ही प्रेम यात्रा की ओर जा ही सकते हैं। इसके लिए प्रेमी हो जाना आवश्यक है, तब स्वतः सब कुछ होता जायेगा। पलक झपकते कब क्या-क्या होगा यह अनुभव करके आप स्वयं विस्मित हो जायेंगे।

यह प्रकृति सब जानती है कब क्या, क्यों और कैसे करना है। हमारा हित, अहित, सुख, दुःख, आनंद और पीड़ा भी।

जब हम स्वयं को प्रकृति को समर्पित कर देते हैं तब ही प्रेम की सच्ची यात्रा का आरंभ हो जाता है। अब हमें बस प्रकृति को ही सुनना होता है और हर बाधा को धीरज व साहस के साथ पार करते जाना होता है। गिर-गिर कर भी स्वयं ही उठना है, संभलना है और चलते जाना है। **इस यात्रा में पीड़ा अपार है परंतु वह मधुर है**। पीड़ा में गिरने वाले अश्रु भी अद्भुत हैं, जो गिरते हुए एक गहरी शांति और मुस्कान देते हैं, साथ ही पुनः ऊर्जा भरते हैं आगे की यात्रा के लिए।

प्रेम की सारी सुंदरता और भाव उसकी यात्रा में ही निहित है।

बड़ी भाग जगी हूँ हे री सखी
खड़ी राह निहारूँ आवन की।
प्रतिदिन रहिया पुष्प सजाऊँ
म जपूँ मनभावन की।।

बड़ी पीर उठे हिय में मोरे,
अँखियन नीर झरें दिन रैन।
इक-इक जुग लागे क्षण-क्षण रे,
उन बिन पल भी न पाऊँ चैन।।

सखी सुनों! बड़ा भाग मिला,
पी से गहरा अनुराग जगा।

बड़ी सौभाग्य प्रतीक्षा होय,
हिय न कोई भय न द्वेष रहा।।

प्रेम सारे विकारों से मुक्त कर निर्मल कर देता है तभी प्रेमी हृदय बाहर और भीतर दोनों से एक समान हो जाता है। सूक्ष्म शरीर और स्थूल शरीर दोनों की शुद्धता एक समान होने लगती है और हम जल के समान पारदर्शी शीतल और मधुर हो जाते हैं।

प्रेम अतार्किक व अप्रमाणिक है अत: प्रेम एक ऐसा युद्ध है जो हृदय और मस्तिष्क के मध्य होता है।

यदि हृदय की विजय होती है तो प्रेम की सुंदर अनंत यात्रा का आरंभ होता है।

यदि मस्तिष्क की विजय होती है तब विकारों से भरकर प्रेम रुग्ण हो जाता है अंततः मृतप्राय हो जाता है।

प्रेम अलौकिक भाव

प्रेम अलौकिक है, अतः उसे सांसारिक तल पर मापना उसका अपमान है। उसे कुछ शर्तों पर तोलना, मापदंड तय करना, प्रेम का मूल्यांकन वस्तुओं और पदार्थों के समतुल्य करना या भौतिक व सांसारिक कामनाओं की भेंट चढ़ा देना भी प्रेम को पीड़ा देना या अपमानित करना है।

प्रेम से प्रेमी का मिलन सर्वप्रथम हृदय में हो जाता है। जब तक प्रेमी और प्रेम अथवा प्रेमी व प्रेमास्पद यह न अनुभव करने लगें कि वे भिन्न अथवा पृथक नहीं अपितु एक ही हैं, तब तक सांसारिक तल पर मिलन भी संभव नहीं होता, अतः साथ होकर भी असंतुष्टि का अनुभव करते हैं।

प्रेम से प्रेम के मिलन का अर्थ है दोनों प्रेमियों में जागृत चेतना में आध्यात्म के प्रकाश का फैलना, जिसमें भीतर छुपा प्रेम का मोती प्रकाशित होकर अपने विशुद्ध भाव से नहला देता है, जिससे स्वयं में ही संपूर्णता का अनुभव लगता है। यह स्थिति प्राप्त होने पर वे एक दूसरे पर निर्भर न होकर आत्मनिर्भर हो जाते हैं,

जिसमें तनिक भी अतिक्रमण नहीं होता है, बल्कि वे एक दूसरे को पूर्ण स्वतंत्र रखते हैं, जहाँ वे निर्भय व निर्भार होकर खिल सकते हैं।

प्रेमी होना सरल नहीं। प्रेम को कठिन परिश्रम से तिल-तिल अर्जन करना होता है। न जाने कितने युग बीतते जाते हैं, न जाने कैसी-कैसी कैसी परीक्षाओं से गुजर कर, न जाने कितनी कठिन राहों पर चलकर, बिना थके, बिना रुके बस चलते जाना। वह एक ऐसा विश्वास देता है जो कभी टूटता नहीं, दूर रहकर भी साथ छूटता नहीं।

काम एक उर्वरक है, ऐसी महान ऊर्जा है जो कि प्रेम के बीज के अंकुरण में सहायक है, परंतु जैसे-जैसे यह पुष्प खिलता जाता है, ऊपर की ओर प्रकाशित होता जाता है, अन्ततः काम ऊर्जा पूर्णतः विशुद्ध प्रेम में परिवर्तन हो जाती है। जिस प्रकार कीचड़ में कमल खिलकर ऊपर को आ जाता है ठीक इसी प्रकार प्रेम भी सुंदर पावन आनंद देने वाला हो जाता है, जो स्वयं को परमात्मा के समीप ले जाने का मार्ग प्रशस्त करता है।

काम आकर्षण आकर्षण घटित करता है, आकर्षण ही समर्पण तक ले आता है, फलस्वरूप प्रेम का अंकुरण होता है। प्रेम जैसे-जैसे गहराता है, प्रार्थना बन जाता है, और प्रार्थना से साधना की ओर चल पड़ता है।

जिससे भी प्रेम करिए उसे परमात्मा की तरह पूजा लेना ही प्रेम को संपूर्ण और विशुद्ध कर देता है। यही भाव प्रेम के सबसे

सुंदर स्वरूप से भेंट कराता है। परमात्मा से मिलने का सबसे सरल उपाय यही है।

जब हम मिट्टी हो जाएँ तभी हम प्रेम से भर पाएँगे अर्थात अहंकार का एक तिनका भी नहीं बचना चाहिए, तत्पश्चात किसी से ईर्ष्या व द्वेष न होगा, न ही किसी से भेदभाव जाएगा, क्योंकि

यह पूरा संसार और संसार में रहने वाला हर जीव, जंतु, वनस्पति सब मिट्टी से तो बने हैं अर्थात सब मिट्टी ही हैं, यदि इस सत्य को स्वीकार लें हम, तब सबको एक समान देख पाएँगें और तभी हम स्वयं या अन्य से प्रेम कर सकेंगे और तब पाएँगे सारी सृष्टि हमसे प्रेम कर रही है।

परमात्मा अपने इस निर्माण पर गौरवान्वित होंगे। वह भी प्रेमाश्रु से भीग जाएँगे। हम देख सकेंगे उन्हें हम तक स्वयं आते हुए व अनुभव कर सकेंगे हमारी हर पीड़ा से उन्हें पीड़ित होते हुए, हम संग उन्हें मुस्कुराते हुए और थपकियाँ दे सुलाते हुए।

मैंने पाया कुछ ऐसा समझा न सकी,
या पहेली सी मैं सबको लगने लगी।
सुना है बड़े ताने और धमकियाँ भी,
बदलने का दोष कहाँ मढ़ने चली।।

जाने कब कैसे सबकुछ बदलता रहा
कि अधिक मौन धर मैं रहने लगी हूँ
स्वयं से स्वयं आज मिलने चली हूँ

जब अकारण बेशर्त प्रेम हो जाय तो वह भक्ति हो जाता है, और हृदय मंदिर बन जाता है, जिसके द्वार सदैव खुले होते हैं, जहाँ पूर्ण स्वतंत्रता होती है आने या जाने की, परंतु मंदिर से भला कौन जाना चाहता है।"

यदि प्रेम कामाकर्षण से आरंभ होकर मन की प्रीत बन जाए और धीरे-धीरे आत्म मिलन की स्थिति को प्राप्त हो जाय, यह ही विशुद्ध प्रेम कहलाता है।

यदि प्रेम में प्राप्त करने की इच्छा के कारण अतिक्रमण करने का प्रयास हो, अथवा कैद कर लेने की भावना हो, जिसके कारण उड़ने वाले पंख ही काट दिए जाएँ, जिससे विकास की संभावना ही समाप्त हो जाय, तो जीवन कारागार के समान हो जाता है, जिसमें घुटन होती है, तब बाहर निकलने को हदय तड़फड़ाता है, परंतु सारे द्वार बंद मिलते हैं, यह स्थिति ही अशुद्ध प्रेम कहलाती है।

परमात्मा तक और नर्क में जाने की एक ही सीढ़ी होती जिसका ऊपरी सिरा विशुद्ध प्रेम है और निचला सिरा अशुद्ध प्रेम है।

जब प्रेम भक्ति जैसा होता है, तब प्रेमी की आँखे ऊपर को देखती हैं, और पाँव उसका अनुसरण करते आगे बढ़ते जाते हैं, अत: वह परमात्मा की ओर बढ़ जाता है।

जब प्रेम कारागार जैसा होता है तब आँखे नीचे की ओर होती हैं, और पाँव उसका अनुसरण करते हुए नीचे उतरता जाता है और नर्क में पाँव रख देता है।

यदि प्रेम के नाम हमने किसी पर आधिपत्य किया तो, हम पर भी आधिपत्य हो गया यह जान लेना चाहिए। यदि किसी को दास या दासी बनाएँगे, तो हम भी वही बनाए जाएँगे, और तब यह बात तय है कि प्रेम नहीं हो पायेगा, और यदि हुआ भी हो तब ठहर नहीं जाएगा, क्योंकि दास या दासी न प्रेम कर सकते हैं,

न ही इनसे प्रेम किया जा सकता है, अतः प्रेम की जगह रोष जन्म ले लेगा।

प्रेम एक ऐसा भाव है जो सारे अभाव भर देता है, जो शब्दों से अधिक हृदय के भाव सुनता और समझता है, तभी क्रोध में उठी पीड़ा भी अनुभव कर लेता है और उस क्रोधाग्नि को सहजता से सह लेता है। दूरियों की मजबूरियों को समझ लेता है, जो अपने प्रिय की झिड़कियों और उपेक्षाओं को भी सहजता से स्वीकार लेता है।

प्रेम तृण मात्र भी बंधन नहीं देता, फिर भी डोर मजबूत होती हुई अटूट बंधती जाती है। जितना भी इसे तोड़ने का प्रयास करो और मजबूत बँधती जाती है

बिन कहे जो भीतर की पुकार सुन ले, मन के जो हर भाव पढ़ ले, व मुस्कुराकर जो हर पीड़ा सह ले बस वही प्रेम है।

प्रेम देवता हृदय मंदिर

प्रेमी का हृदय एक मंदिर होता हैं, जहाँ प्रिय की मूरत होती है, जिसकी आराधना पल-पल होती है। यह मंदिर खुले आकाश सा स्वतंत्र होता है, जिसमें कहीं कोई दरवाजा नही, कोई सांकल नहीं कोई पकड़ नहीं, व कोई जकड़ नहीं होती।

प्रेम धीरज, त्याग और प्रतीक्षा रूपी खाद से फलता-फूलता है, और विशाल वट वृक्ष समान हो जाता है, जिससे प्रेम की जड़ें गहरी और मजबूत हो जाती हैं।

काम और प्रेम का संबंध कुछ ऐसा है कि जैसे तराजू के दो पलड़े हों, एक तरफ काम है... दूसरे पलड़े में प्रेम है, अब यदि काम अधिक है तो प्रेम हल्का हो जायेगा, जितना अधिक काम उतना हल्का प्रेम, ठीक इसी प्रकार यदि प्रेम की मात्रा अधिक हो तो काम हल्का होता जायेगा, प्रेम का भार बढ़ने के साथ-साथ काम का अस्तित्व हल्का होता जाता है।

जैसे जब काम रूपी कीचड़ में कमल रूपी प्रेम का अंकुरण होता है तब दोनों एक ही तल में होते हैं परंतु जैसे-जैसे प्रेम रूपी कमल बढ़ता जाता है, काम नीचे ही छूटता जाता है, और अंततः जब प्रेम रूपी कमल खिल कर पूर्ण प्रकाशित हो जाता है, तब कीचड़(काम) उसे स्पर्श नहीं कर पाता, तभी प्रेम अपने विशुद्धतम स्वरूप को प्राप्त कर लेता है, यही परमात्मा की ओर चलने की यात्रा का शुभारंभ होता है।

काम एक आवश्यक और उपयोगी ऊर्जा है, जिसका यदि सदुपयोग किया जाय तब सुंदर प्रकाशित कर देती है हमें, वरना यह ऊर्जा विध्वंसकारी है। ऊर्जा को नष्ट नहीं किया जा सकता, न ही इसके उत्सर्जन को रोका जा सकता है, परंतु उसे रूपांतरित कर सदुपयोग कर सकते हैं। इसके बिना तो सृष्टि की कल्पना भी नहीं की जा सकती, परंतु यह जितनी प्रबल और उपयोगी है, यदि इसका दुरूपयोग हो तो विनाशकारी परिणाम भी देती है।

जिन्होंने स्वयं में प्रेम न खोजा वे प्रेम से सदैव वंचित रहेंगे। मृग की भाँति वन-वन भटक कस्तूरी खोजते रहकर इस पीड़ा में जीवन व्यतीत कर देना की कस्तूरी नहीं मिल सकी, इसकी ही शिक़ायत करते रहना दुर्भाग्य है। जो सुगंध आ रही थी प्रेम की उसका स्रोत न मिला, परंतु सत्य तो यही है कि प्रेम हममें ही व्याप्त है, उसे स्वयं के भीतर झाँक ही कर देखना और पाना है। उसे जितना गहराई में उतरकर देखेंगे, उसके उतने ही शुद्धतम रूप से मिल सकेंगे, जैसे हम धरती के जितने गहरे उतरते जाते हैं उतना ही शुद्ध जल श्रोत पाते हैं।

प्रेम मन की गणित से बिल्कुल अलग हृदय का विषय है, मन कहता है चालाकी करो, लाभ हानि देखो फिर प्रेम करो अर्थात प्रेम का स्वांग रचो नाटक खेलो। क्योंकि प्रेम करने का भाव नहीं यह स्वयं हो जाता है, हृदय में भीतर कहीं घट जाता है। जब तार्किक होकर समझ बूझ कर प्रेम किया जाय, तब समझ जाइए कि वह प्रेम नहीं अपितु नाटक है।

जो कहते हैं कि उनके जीवन में प्रेम नहीं है, उन्हें कोई प्रेम नहीं करता, वह स्वयं पर ही प्रश्न चिन्ह लगाते है, इसका अर्थ है कि वे स्वयं भी स्वयं से प्रेम न कर सके अर्थात उनका स्वयं का हृदय ही प्रेम विहीन है। मन में आ रहे विचारों की अधिक चिंता नहीं करनी चाहिए। विचार जैसे आयेंगे वैसे ही चले

भी जाएँगे उन्हें कभी संभालकर रखने की आवश्यकता नहीं। मन को अधिक महत्व देकर दिन-रात बस व्यर्थ चिंता करते रहना मूर्खता है। हाँ संभालना है हृदय में उठ रहे भावों को। उन्हें सहेजना और दुलारना है तब ही हम स्वयं को सरल, सहज और निर्मल पाएँगे।

जब प्रेम इतना गहरा हो जाय कि गंगा सा पावन हो जाय तब उसे सांसारिक दृष्टिकोण पर नही मापा जा सकता है। सांसारिक अपेक्षाओं पर उसकी परिक्षाएँ नही लेना चाहिए क्योंकि हम उसका जितना आकलन करेंगे उसे प्राप्त करने से वंचित रह जाएँगे।

यह मन कितना चतुर हैं जो हर बात, कार्य एवँ भाव में व्यापारिक लाभ और हानि ढूँढ़ता है फिर स्वयं को निर्दोष सिद्ध करने को तर्क भी करता है अंततः स्वयं की दृष्टि में ही स्वयं को निर्दोष सिद्ध करने की चतुराई कर नये अहंकार को जन्म देता है।

जब हृदय और मन दोनों एक से हो जायें अर्थात बाहर और भीतर एक समान हो जाए तभी हम प्रेम ग्रहण करने और देने योग्य हो पाते हैं, वरना प्रेम के नाम पर व्यापार कर स्वयं व अन्य को भी आजीवन ठगते ही रहते हैं, परिणामस्वरूप प्रेम की रिक्तता बनी ही रहती है और हम प्रेम को जीने के योग्य बन ही नही पाते। प्रेम परिश्रम से संरक्षित की गई पूँजी होती है जिसे आजीवन संरक्षित करते जाना होता है, तभी समय के साथ प्रेम की मात्रा, उसके प्रभाव और स्वभाव में बढ़ोत्तरी होती जाती है, जिससे उसकी मिठास और गहराई बढ़ती ही जाती है।

जब हम काम के वश नहीं अपितु काम हमारे वश में हो जाए अर्थात जब हम प्रेम में काम खोजने का प्रयत्न त्यागकर काम में भी प्रेम ढूँढ़ने की चेष्टा करने लगें, तब हम पाएँगे की प्रेम से प्रार्थना की ओर हमारे पग स्वयं: बढ़ गये। प्रेम को ऐसे गहरे जीना की वह पूजा बन जाए। **प्रिय में ईश्वर और ईश्वर में ही प्रिय दिखने लगे अर्थात जब दोनों ही एक दिखने लगे तब समझ जाना चाहिए की प्रेम विशुद्ध हो गया है, और हमारी यात्रा शुभ हो गई।**

जैसे-जैसे हम प्रेम से भरते जाते हैं उतना मौन होते जाते हैं, जैसे जल से पूरा भरा घड़ा कोई ध्वनि नहीं करता ठीक उसी प्रकार हम प्रेम से भरते ही स्थिर और शांत हो जाते हैं। अब इतना भी कहने को नहीं रह जाता कि हम प्रेमी हैं या हमें प्रेम हो गया। बस कुछ ऐसा घट जाता है भीतर गहरे कहीं कि हम स्वयं भी मिट जाते हैं। हमारे होने का आभास भी समाप्त हो जाता है। हम देख पाते हैं कि प्रेम के आते ही सब समाप्त हो गया। एक तिनका भी बच न सका।

जहाँ कह कर बताने की आवश्यकता पड़ जाय समझना चाहिए कि प्रेम हो ही न सका बल्कि हम अभी सांसारिक माया में ही फंसे हैं जहाँ प्रेम के नाम पर तेरा मेरा, लेने देने का व्यापार चलाए जा रहे हैं। जहाँ प्रेम को दिखाने, समझाने व बताने की आवश्यकता या प्रयास शब्दों या कार्यों से हो समझना चाहिए कि हममें प्रेम घट ही न सका क्योंकि प्रेम प्रयास करने से नहीं घटता,

वह पूर्णत: स्वतंत्र है कब कहाँ और कैसे घट जाता है पता नहीं चलता। बड़े दबे पाँव आता है चोर की भांति और हमें पूरा ही लूट जाता है कि एक तिनका भी हमें नहीं छोड़ता।

मौन भाषा विशुद्ध अभिव्यक्ति

दो मन बिन कहे मौन ही न जाने कितनी बातें कर जाते हैं। बिना कहे व सुने एक दूजे की पीड़ा, प्रेम, खुशी व हर भाव पढ़ तथा समझ लेना ही प्रेम की सच्ची अभिव्यक्ति है। जब दो हृदय एक ही आवृति पर स्पंदन करने लगते हैं, एक ही झंकार पर थिरकते

हैं तब कहने और सुनने को शब्दों की आवश्यकता नहीं रह जाती है।

प्रेम की भाषा मौन ही है। प्रेम का सारा आनंद ही मौन में है। न ही आनंद कह पाने की क्षमता होती है न ही पीड़ा दिखाने की इच्छा बस स्वयं में ही हर भाव का आनंद लेता है प्रेमी। भीतर ही बरसता है और सीझता है, इसलिए अपने आप में ही भावों से भरता जाता है। तन की दूरी का यहाँ कर कोई मूल्य नहीं जब दो हृदय मिल एक हो जाते हैं। एक अदृश्य सूक्ष्म डोर जो अटूट व अभेद होती है, जहाँ दूरियाँ भी दूरियाँ नहीं रह जाती हैं। चाहे सौ पर्दे लगा दो पर हृदय एक दूजे से मिल हृदय भर निहार ही लेते हैं।

मौन में प्रेम रस का जो आनंद है वह संसार के किसी भी पकवान में नहीं। प्रेम का संपूर्ण आनंद ही मौन में है। जो कह के भी न कह सको, मौन वो भी बड़ी सरलता और सहजता से कह देता है। मौन की भाषा अद्भुत है, कभी किसी प्रकार का भेदभाव नहीं करती बल्कि समानता लाती है। हर कला से अद्भुत है मौन।

प्रिय का ध्यान आते ही अश्रुओं को रोक पाने के असफल प्रयास पर हृदय में पीड़ा का उठना व मौन होकर शून्य में निहारना और उस शून्य के विस्तार में वह सुख अनुभव करना कि जैसे प्रिय को देख लिया हो जिससे स्वत: ही मुख पर एक मुस्कान एक मुस्कान बिखर आए। हाँ! यही प्रेम है।

एक-एक साँस बसे पिया ऐसे

जैसे जल में रहे वायु रे।
देख सकूँ न छू भी सकूँ उन्हें
तबहूँ उन संग मुस्काऊँ रे।।

आप बना लीजिए अपने हृदय को मंदिर परंतु कोई दरवाजा नहीं लगाना है, बस सजा लीजिए उसमें प्रेम की मूर्ति और करिए उसकी आराधना। बनाकर रखिए उसे ईश्वर। पूर्ण स्वतंत्र रखना है प्रेम को। जो हमने हृदय को मंदिर बना लिया है भला

कौन जाना चाहेगा वहाँ से बाहर। निश्चिंत होकर रहना है बस प्रेम की आराधना करते जाना है।

यदि मिलन की प्यास मिट जाए और प्रतीक्षा समाप्त हो जाए तो प्रेम का आनंद भी समाप्त हो जाता है, इसलिए अमर प्रेम ईश्वर से स्वयं के लिए केवल प्रतीक्षा माँगता है ताकी उसकी मिलन की यात्रा अनवरत चलती रहे और प्रतीक्षा में वह प्रेम का आनन्द ले सके, जिससे अपने प्रेम की गहराई जान सके और अपने प्रिय के लिए अश्रु गिराकर आनंद में हर भाव जी सके।

साँवरा बसा हिय में सखी ऐसे
दिन रैन कहूँ हिय की नैनन से
साँवरा साँवरा

दिन चढ़े खिल जाए सूरज संग
साँझ ढ़ले अँखियन बस जाए
निंदिया में पिय, पिय में निंदिया
मोहे मोरी सुध बिसराए
साँवरा बसा...

कभी मैं दीखूँ प्यारे के जैसी
प्यारे सी ही हँसू मुस्काऊँ
कभी मोरी खबर मैं ही लूँ सखी री
पिय बन आप ही मैं इठलाऊँ
साँवरा बसा...

देख मोहे ही लजाऊँ ऐसे
जैसे पी की नजर निहारे
उनके ताप से पिघलूँ जैसे
देख सुरज चंदा छिप जाए
साँवरा बसा....

प्रेम में मोह अशुद्ध मिलावट

प्रेम में मोह का तिनका भर अंश भी नहीं आने देना चाहिए। प्रेम में कोई मिलावट नहीं चाहिए। प्रेम के आते ही सारे दोष स्वयं मिट जाते हैं, परंतु मोह धीरे-धीरे जाता है। जैसे-जैसे प्रेम गहराता है मोह

छूटता जाता है और प्रेम विशुद्ध हो जाता है, तब प्रेम निश्छल व अपेक्षा रहित हो जाता है। न कोई वासना(इच्छा) और न ही कोई कसमें वादे रह जाते हैं, बल्कि केवल और केवल प्रेम ही रह जाता है।

मोह से ही सभी विकार जन्म लेते हैं, परंतु यदि प्रेम बढ़े तो मोह धीरे-धीरे समाप्त हो जाता है और यदि मोह बढ़े तो प्रेम समाप्त हो जाता है, तब आरम्भ होती है अपेक्षाओं की सूची, अतिक्रमण, आधिपत्य और क्रूरता।

संबंधों में यदि मोह अधिक हो जाता है तब अपेक्षाएँ भी अधिक होती हैं। मनुष्य पर वस्तु की भाँति एकाधिकार समझना, अपने मन मुताबिक कार्य कराना तथा प्रेम देने के बदले भी बहुत सारी शर्तों को रखना, ऐसा कृत्य प्रेम तो कदापि नहीं। जहाँ मोह की अधिकता है वहाँ हर तरफ अपेक्षाएँ ही अपेक्षाएँ हैं अतः सभी एक दूसरे पर लाँछन दिए जा रहे होते हैं। कोई भी एक दूसरे से संतुष्ट नहीं। सभी अप्रसन्न हैं। क्योंकि अपने द्वारा किए गये कार्यों के बदले, तो कभी अपने द्वारा निभाए गए संबंधों के बदले में हम सबने अन्य से बड़ी अपेक्षाएँ रखी है। सब तरफ व्यापार चल रहा है, फिर कैसे प्रसन्न हो सकते हैं सभी। फिर भी जिन्होने कभी प्रेम को जिया ही नहीं वो स्वयं को सबसे बड़े प्रेमी बताते फिरते हैं।

आसान है प्रेम और मोह में भेद करना। जब दूसरे की प्रसन्नता से हमें भी प्रसन्नता मिले तो यह प्रेम है परंतु यदि हमारी प्रसन्नता में ही दूसरा भी प्रसन्न हो ऐसा चाहते हैं, तो यह मोह है जिसमें अतिक्रमण है। आप जब अपने अनुसार किसी को रखना

या चलाना चाहें तो यह मोह और अतिक्रमण है। **प्रेम खुला आकाश देता है, साथ पंख देता है उड़ने को ताकि हम सच में मुस्कुरा सकें, स्वयं को निखार सकें जिससे केवल वो ही नहीं वरन सारा संसार हमें खिलता हुआ देखे और हमें भी प्रेम और सम्मान दे।**

आप पाएँगे कि कभी मौन में ही प्रेम को जी सके होंगे या जिया होगा, क्योंकि प्रेम की भाषा ही मौन है, जिसके सभी शब्द गूँगे व बहरे हैं, जिन्हें हम सुन व पढ़ नही सकते हाँ केवल अनुभव कर सकते हैं। यदि हम प्रेम को मौन में जी सकें तभी स्वयं को प्रेमी मानना चाहिए वरना हम भी शब्दों के व्यापारी ही हैं, हमें समझ जाना चाहिए।

पिया मोहे कोई शब्द न आवे
देख तोहे चुप सी लग जावे।
मौन सुनूँ और मौन कहूँ सब
समय की धारा थम सी जावे।।

प्रेम को न बाँधकर रख सकते हैं न ही बलपूर्वक प्राप्त कर अपना ही बना सकते हैं। ये तो अदृश्य पंछी है, कभी चुपके से आकर दबे पाँव हृदय में स्वत: ही बैठ जाता है परंतु यदि हम चाहें कि इसे कैद कर बंधन में रख लें तो धीरे से पिंजरा खोल कब उड़ जाए जान न सकेंगे।

प्रेम को विवश करके मोह वश कैद करने का प्रयास उसे तनिक भी स्वीकार नहीं।

प्रेम हमें हमारी हर अच्छाई और बुराई से अवगत कराता है। बिना झिझके व बिना डरे आइना दिखाता है कि हमें स्वयं की बुराईयाँ स्वयं ही स्वीकार कर सुधारनी भी होंगी। हमें प्रेम हर बुराई से बाहर निकालता जाता है, कभी दुलार कर या कभी फटकार कर, परिणामस्वरूप हम एक दिन अपने आपको सारी बुराईयों से मुक्त पाएँगे, तब हममें प्रेम पूरी तरह स्थान ले लेगा। रोम-रोम में प्रेम ही बस जाएगा, जिससे हम उसकी हर बूँद से भरते जाएँगे। अंततः सबकुछ मिटकर केवल प्रेम ही रह जाएगा।

जब हम प्रेमवश किसी भी जीव, संबंध या इष्ट के लिए कुछ करते हैं तब उसे प्रेम ही रहने देना चाहिए। प्रेम को व्यापार कभी नही बनाना है। अपेक्षाओं के साथ संबंध नहीं निभाना चाहिए। प्रेम को या प्रिय संबंधों को लाभ या हानि के वर्ग में नहीं तोलना चाहिए क्योंकि यदि हम ऐसा करेंगे तो प्रेम का ही अपमान करेंगे। प्रेम के नाम पर किये गये व्यापार को पाप कहते हैं, और पाप तो पीड़ा ही देता है, अतः ऐसे संबंध भी पीड़ा ही प्रदान करते हैं, जैसे व्यापार में यदि लाभ हुआ तो प्रसन्नता होती है और हानि होने पर क्रोध आता है जिससे पीड़ा होती है।

जब तक हम स्वयं के गुरु नहीं बनते तब तक हम स्वयं को प्रेम भी नहीं कर सकते और जब तक हम स्वयं को प्रेम करना न सीख जाएँ, तब तक दूसरों को भी प्रेम नही दे सकते।

अपने आज्ञा चक्र को सक्रिय रखना है। स्वयं का सारथी स्वयं बनना है, तब हम अपने सच्चे स्वरूप के साथ प्रकाशित होंगे, तब अपनी सच्ची शक्ति और क्षमताओं के साथ वह कार्य करेंगे जिसके लिए हम बने हैं अर्थात जिस उद्देश्य के लिए ईश्वर ने हमें इस धरा पर उतारा है, वह कर सकेंगे।

प्रेमास्पद व प्रेमी एक स्वरूप

प्रेम में प्रेमी एक दूसरे के प्रतिबिंब हो जाते हैं, जैसे सम्मुख आइना हो। यहाँ एक दूसरे को प्रेम करने का अर्थ है, स्वयं को ही प्रेम करना। आप जितना स्वयं को प्रेम और दुलार देकर सँवारते और निखारते हैं, प्रेम का रंग उतना ही गहरा और चमकदार हो जाता है।

स्वयं को ढूँढते-ढूँढते जब हम स्वयं को ही खो देते हैं, तब हम संपूर्ण प्रेममय हो जाते हैं। **जब हमारे होने का अहंकार भी पूरी तरह समाप्त हो जाता है, तब हम प्रेम को पूरी तरह प्राप्त कर प्रेम ही बन जाते हैं।** अब हम स्वयं में ही परमात्मा को देख पाते हैं और प्रेम की निर्मलता व पवित्रता को भी अनुभव कर पाते हैं।

जिसे हम संसार में यूँ ही जीते हैं, बस कुछ नियम और शर्तों पर, वह प्रेम का एक बिंदु मात्र ही है, जिसमें मोह, लोभ, काम और अपेक्षा की उपस्थिति दर्ज होती है, अतः हम उस अलौकिक अनुभूति से वंचित रह जाते हैं।

स्वयं को प्रेमी स्वीकारने या घोषित करने में तनिक भी शीघ्रता नहीं करना चाहिए। कठिनाइयों व पीड़ा में हृदय को धीरज रखना सीखना चाहिए, धीरे धीरे मन को सरल करते जाना चाहिए फिर थोड़ी और कठिनाई लाते जाना है, अंततः स्वयं को अनंत प्रतीक्षा के लिए साहस देकर प्रेरित करना है। तब हम देख सकेंगे स्वयं को सुनार की भट्ठी में तपते हुए और हथौड़ी से पिट कर आभूषण बनते हुए। हम पर चढ़ी सारी मैल कट जाएगी, जिससे एक नये पवित्र सुंदर रूप में रूपांतरित हो जाएँगे, तब हमारा रोम-रोम निष्छल और निष्काम प्रेम से भर जाएगा, और हम एक तिनका भी न बचेंगे, केवल प्रेम ही रह जाएगा अर्थात अब केवल परमात्मा ही रह जायेंगें, जिन्हें हमने जीवन भर मृग की भांति कस्तूरी सा खोजा, वे सदा से ही हमारे भीतर ही उपस्थित थे, यह भी जान सकेंगे। सच तो यह है की मैं, तुम, ये और वो जैसा कुछ भी नही है। इस ब्रह्माण्ड में जो कुछ भी है, वह सब परमात्मा ही है, क्योंकि यहाँ जो भी है सब पारब्रह्म परमेश्वर से ही निकलकर ही बना है या आया है। हम जिस दिन यह सच भी जान जाएँगे...यह अहम भी चला जाएगा कि इस जग में आकर हमने कुछ किया है। सब खेल सा लगेगा और वो जो व्यर्थ की चिंताएँ हम जीवन भर कर अहंकार करते रहे वह सब व्यर्थ ही थीं यह भी जान सकेंगे।

ईर्ष्या, द्वेष, भय व क्रोध इन सब विकारों का भी कोई मूल्य ही नहीं है। प्रेम ही सब कुछ सदैव था, सदैव है और सदैव रहेगा भी इस परम सत्य से परिचित हो जाएँगे ।

प्रेम ही हमें परमात्मा तक जाने का मार्ग दिखाता हममें साहस और दृढ़ता प्रदान करता है।

पुरुष कठोर, दृढ़ व निर्णायक है, वहीं प्रकृति कोमल, रचनात्मक व चंचल है, अतः इनका संयोग महान कार्यों को सिद्ध करने में सहायक है। सदा से ही ऐसा होता रहा है, और सदैव होगा भी। **यदि हम अपने भीतर के स्त्री और पुरुष तत्त्व को संतुलन में रखें तो हर वो बड़ा और महान कार्य कर सकते हैं जिसे हम पूरे हृदय से करने की इच्छा रखते हैं, तब कुछ भी असम्भव नहीं रह जाएगा।**

प्रेम को गहरे जड़ें जमाने के लिए समय देते हुए उस अवस्था तक प्रतीक्षा करना चाहिए कि जब वह बरगद सा विशाल होकर जड़ें इतनी मजबूती से जमा ले कि कोई भी आँधी, तूफान या मूसलाधार बारिश भी उसको थोड़ा भी हिला न सकें। यदि कुछ छोटी मोटी जड़ें कट भी जाएँ तो उसकी हरियाली और दृढ़ता में तनिक भी कमी न आ सके।

प्रेम केवल प्रेम होता है इसका कोई एक स्वरूप निश्चित नहीं कर सकते। जिस भाव में सारे सुंदर व सात्विक भाव हों वही प्रेम है, तभी प्रेम संपूर्णता देता है। उसके होने पर पूर्णता मिल जाती है, कभी भाई तो कभी बहन सा, कभी माँ जैसा तो कभी पिता सा, कभी मित्र सा तो कभी प्रेमी या प्रेमिका सा, कभी भक्त सा तो कभी भगवान सा होता है प्रेम।

जब दो प्रेमी प्रेम में होते हैं उन्हें एक दूसरे से मिलन की प्यास होती है, और मिलते ही दोनों परमात्मा से मिलन की प्यास से भर जाते हैं, तब उन्हें इस सत्य का आभास होता है की वे अमुक व्यक्ति के देह से नहीं अपितु भीतर उपस्थित परमात्मा से ही प्रेम कर रहे हैं। और यह थोड़ा आनंद उन्हीं से प्राप्त हो रहा है तत्पश्चात जगती है परमानंद की प्यास, तब प्रेमी पूर्ण रूप से परमात्मा से मिलन को समर्पित हो जाता है। दोनों मिलकर एक हुए ही इसलिए ताकी प्रेम के सच्चे स्वरूप को समझकर संपूर्णता प्राप्त कर सकें। प्रेमी को प्रेम प्राप्त करने की सही दिशा मिल जाती है। यदि ऐसा कुछ न हो सका तो समझना चाहिए कि प्रेम में हम अधूरे ही रहे। **जब तक परमात्मा से मिलन की प्यास न जगे समझना चाहिए कि प्रेम हमने जिया ही नहीं।** ये प्यास

आते ही हम शांति और आनंद से भर जाते हैं क्योंकि प्रेम का सबसे सच्चा स्वरूप ही यही है।

प्रेम के भी बहुत से स्तर और पायदान हैं। आप किस पायदान पर हैं उससे ही आप प्रेम के अनुभव भी प्राप्त करते हैं। जो जितने पायदान तक ही प्रेम को अनुभव किया होता है, वो उसे ही अन्तिम मान बैठता है, अत: अन्य अलग और बड़े स्तर के अनुभव उसे काल्पनिक या मिथ्या ही लगते हैं।

हम भी बड़े ढोंगी और अहंकारी हैं, जिसने न प्रेम जिया, न समझा वह अपनी पीढ़ियों की संतानों को प्रेम सिखाने का असफल प्रयास करता है। जो स्वयं न जीवन को जान सके, न

समझ सके, वो पीढ़ियों को जीवन समझाने बैठ जाते हैं। इससे बड़ा अहंकार हम क्या ही कर सकते हैं, तभी हम न स्वयं को जान सके, न स्वयं में ही परमात्मा को अनुभव कर सके, न ही जीवन के सच्चे उद्देश्य और महत्व को समझ सके। जिसे जीवन का आनंद मान बैठे वही सबसे बड़ी पीड़ा है, इससे अनजान हम दिन रात रोते है। सबसे बड़ा अहंकार यह भी है कि जो स्वयं नहीं कर पाते, वह अपने बच्चों से आशा करते है। रोना रोकर सब उन पर ही थोपकर अपनी खुशियों की दुहाई देते है। अपने शरीर के नष्ट हो जाने के बाद भी हमारी पीढ़ियाँ कैसा जीवन जियें, यह तक सुनिश्चित करना चाहते हैं। मोह की पराकाष्ठा यहीं देखने को मिलती है। **मोह में जीने वाला मोह को ही प्रेम कहने का महापाप कर बैठता है।** अपेक्षाओं से भरे शर्तों पर हम संबंध जीते हैं। हम मोह में ही दिन रात जिए जाते हैं इसलिए जीवन भर असंतुष्ट रहकर दुखी और अशांत रहते हैं, और अपने मोह को ही प्रेम का नाम दे देते हैं।

अंहकार से भरे हम मनुष्य एक दूसरे को ग़लत साबित करने में जुटे हैं। अपने विचार दूसरों पर थोपने में जुटे हैं। यदि विरोध किया या असहमति जताई तो संबंधों में विरोध और प्रतिकार मिलता है, और अहंकार इसे भी प्रेम साबित करने में जुटा होता है। हर तरफ अपेक्षा ही अपेक्षा दिखाई देती है। केवल मोह या प्रेम के नाम पर रचे गये स्वांग ही होते हैं, इसलिए इस सुंदर संसार में भी असुंदरता दिखाई देने लगती है।

शांति की चाहत सभी को है, परंतु सभी ने स्वयं दूसरों के जीवन में अशांति देने का बेड़ा उठा रखा होता है। वे इतने अज्ञानता से भरे होते हैं कि, यह तक नहीं जानते की जो

हमें दूसरों को देना होता है पहले हमें उसे अपने भीतर ही जन्म देना होता है, अतः दूसरों को अशांति देने के भाव से पूर्व ही हम अशांत हो जाते हैं, इस कारण ही हर तरफ केवल अफरा-तफरी ही देखने को मिलती है। केवल प्रेम रह जाता है इस धरती पर जो आगे भी धरती को प्रेम ऊर्जा से भरने में सहायक होता है, वरना यह देह वापस धरती स्वयं में ही समाहित कर लेती है।

जिसे जन्म देती है वापस उसे अपने में मिला भी लेती है, सब एक चक्र की भाँति चलता जाता है अतः जो रह ही नहीं जायेगा उसके बारे व्यर्थ चिंता कर या चतुराई कर छल कपट करके जो कुछ पा भी लेंगे तो उसका मूल्य क्या ही रह जाएगा, **बस कर्मों का बोझ लेकर पुनर्जन्म की यात्रा ही प्राप्त होती है,** तो क्यों न सरल होकर बिना किसी अपेक्षा के प्रेम करें और इस धरती को सुंदर कर दें।

मै, आप या इस धरा पर रहने वाला हर जीव बंधन में है। कभी बे़ड़ियाँ संबंधों की, तो कभी समाज की, तो कभी विचारधारा की, तो कभी परंपराओं की परंतु इन सबके बीच कोई है, **जिसके पास जादूगर के पंख है...जो बिना किसी रोक-टोक पंख पसारे उड़ता, हँसता, रोता व खिलखिलाता है और अनंत काल तक जीवित रहता है, उसे प्रेम कहते हैं।**

बंधन से परे मैं बंधन हूँ,
पंख पसारे उड़ता हूँ।
न रोक टोक न झपट कोई,
खुशबू सा बहक बिखरता हूँ।।

न सरहद है न बंद गली,
मै प्रीति के रंग निखरता हूँ।।।

जब आपको प्रेम हो जायेगा तब स्वतंत्र उड़ते पंछियों में स्वयं को देख सकेंगे। जब देखेंगे हरे भरे लहलहाते खेतों को....उनकी हरियाली में प्रेम अनुभव कर झूम उठेंगे, खिलते पुष्पों में आप स्वयं को मुस्कुराते पाएँगे। बारिश की हर बूँद आप में मधुर ठंडक भर देगी और खुला आकाश आपको बाहों में समेटता नजर आयेगा। प्रेम आपको परम शांति की ओर लेकर चला जाएगा। कब आप स्वयं में ही संपूर्णता का अनुभव करने लग जाएँगे जान ही नहीं सकेंगे और अन्ततः पूर्णतः निर्मोही होकर आनंदित हो जायेंगे। आप प्रेम से इतना भर जाएँगे की बाँटने को आतुर हो उठेंगे। बस देते जाने में ही सुख प्राप्त होने लगेगा।

प्रेम से भरते ही आप जीव अथवा निर्जीव सबसे प्रेम कर पाते हैं। आपको सबकी पीड़ा एक समान अनुभव होने लगती है, चाहे वह मनुष्य, पशु, पक्षी या वनस्पति हो। पूरे ब्रह्माण्ड और उसमें उपस्थित हर तत्व से एक समान प्रेम कर सकेंगे। पूरी प्रकृति व पूरा ब्रह्माण्ड आपको प्रेम करता है यह भी अनुभव कर सकेंगे। प्रेम सबसे बड़ी और सकारात्मक ऊर्जा है यदि आप इस ऊर्जा से ओत-प्रोत हैं तो आप सबसे भाग्यशाली हैं।

समर्पण का अर्थ है चिंता मुक्त हो जाना चिंतन व कर्म मुक्त नहीं। अकर्मण्यता(मानसिक या शारिरिक)समर्पण नही

कहलाता। इसे समर्पण समझने की भूल कभी नहीं करना चाहिए। कायर बनना समर्पित होना बिल्कुल नहीं है। समर्पण बहुत विशुद्ध भाव है अत: पूज्यनीय है, शांति प्रद व प्रेम पूर्ण हैं, सहजता है हृदय और जीवन की।

जब तक तनिक भी अहंकार उपस्थित हो तब तक समर्पण संभव नहीं होता। अहंकार के भी कई प्रकार हैं। अपने अहम को संतुष्ट करने और जाहिर करने के तरीके भी भिन्न-भिन्न है। जैसे किसी को छोटी-छोटी बातों से चोट पहुँचती है और अहंकार को संतुष्ट करने को वो क्रोध दिखाएगा, अपशब्द कहेगा

व मार पीट करेगा। दूसरा वही छोटी-छोटी बातों का बुरा मान रूठ जाएगा या आँसू गिराएगा और बहुत गहरा आघात अनुभव कराता रहेगा, जब तक आप उसके आगे नतमस्तक न हो जाएँ व अपने आप को ही बुरा भला न कह लें। दोनों ही स्थिति में दोनों व्यक्ति को अहंकार ही है बस उसे प्रस्तुत करने का तरीका अलग-अलग है।

प्रेम ही सच्चा वैद्य

वेद पुराण पढ़ना आसान है परंतु यदि हम किसी की वेदना पढ़ सकें तब समझना चाहिए कि हम सफल हुए। वेदना हम तब ही पढ़ सकेंगे जब हम प्रेमी हृदय होंगे। प्रेमी हो जाने से हम बिना पढ़े सब प्राप्त कर लेते हैं । भाव पढ़ लेना इस जग की सबसे बड़ी विद्या है। हम यदि यह पा सकें तब समझें कि अब और कुछ नहीं चाहिए।

जब कुछ प्रिय लगने लगे तो उसे और अधिक खिलने, खिलखिलाने, मुस्कूराने व अपनी मनपसंद उड़ान भरने की। स्वतंत्रता देना चाहिए, अतिक्रमण का विचार भी नहीं लाना चाहिए वरना हम प्रेम की जगह पाप करने लग जाएँगे, क्योंकि अतिक्रमण का विचार अहंकार को जन्म देता है, और जहाँ अहंकार हो वहाँ मोह का जन्म हो जाता है, और जैसे ही मोह का जन्म हुआ प्रेम की मृत्यु हो जाएगी तब अंततः हम जीत कर भी हार जाएँगे।

मोह प्रगति की हर संभावना को रोक देता है, जैसे कि आम के वृक्ष को छोटे से गमले में रोप कर किसी बालकनी में सजा लेना, जिसके वृद्धि की सारी संभावनाएं समाप्त हो जाती है। वह जो विशाल फलदार वृक्ष बनकर न जाने कितने वर्षों तक

कितना कुछ देता इस धरा को, उसकी हर उस संभावना को मार देना ही मोह है।

जिज्ञासा में ही आकर्षण होता है, आकर्षण से ही समर्पण, व समर्पण से ही प्रेम का जन्म होता है। यदि जिज्ञासा मिट जाय तो प्रेम भी मिट जाएगा अर्थात परमात्मा को पा लेने की यात्रा का समाप्त हो जाना।

जिस घड़ी हम मान लेते हैं सब जान लिया तभी जिज्ञासा समाप्त हो जाती है, और यदि जिज्ञासा समाप्त हुई तो आकर्षण भी समाप्त जाएगा, अब जो हमें अति प्रिय लगता था, जिसमें दिन-रात खोये रहते थे, अब उस ओर देखने की भी कोई लालसा नहीं रह जाएगी, और इसी के साथ प्रेम भी सूख जाएगा।

यह हमारी भूल है या कहें मिथ्या अहंकार है कि हम मान लेते हैं कि सब जान लिया जबकि हम सब कुछ कभी नहीं जान सकते, जिस प्रकार समय, धरती, प्रकृति और विचार परिवर्तनशील है, ठीक उसी प्रकर मनुष्य भी है अतः आप कभी नहीं कह सकते की किसी अब पूरा जान लिया। हर दिन, हर क्षण ऐसे देखें और जानने का प्रयास करें जैसे अनजाना हो कोई और तब पाएँगे सच में हर दिन कुछ नया पाया या जाना और हमारी जिज्ञासा बढ़ती ही रहेगी। जानने की प्यास कभी नहीं मिटेगी जिससे प्रेम दिन-प्रतिदिन और बढ़ता ही जाएगा। आकर्षण कभी कम न हो सकेगा। **जिज्ञासा यदि अनंत है तो प्रेम भी अनंत है।**

विचारों की उलझन प्रेम को पकने नहीं देती, उसके आनंद को अनुभव नहीं करने देती, तथा उसे शांत जल सा शुद्ध नहीं होने देती। जब विचारों की उथल पुथल मची हो तो सब कुछ

मथ कर मैला हो जाता है, और विचारों के शांत होते ही सारी गंदगी तल में बैठ जाती है तब शुद्धता ऊपर को आ जाती है और यही शुद्धता ही प्रेम का विशुद्ध रूप है, जो कि पावन, शांत और सरल है।

प्रेम कभी माँगकर नहीं मिलता बल्कि स्वयं ही स्वयं को देना होता है। तनिक विचार करके देखिए की हमें हमारे प्रिय से क्या अपेक्षा है। कितना प्रेम, कैसा प्रेम चाहिए बस वैसा और उतना ही प्रेम कर लेना चाहिए स्वयं से। तत्पश्चात हम प्रेम से पूरा भर जाएँगे। तब लेने का स्थान ही नही रह जाएगा बस देते जाने में ही हृदय में हल्कापन अनुभव करेंगे। बन जाना है स्वयं के ही प्रेमी और देना है जी भरकर स्वयं को प्रेम, समर्पित होकर पूज लेना है स्वयं को जैसे अपने प्रिय को पूज लिया हो फिर ये जो मिलन होगा परम व अटूट मिलन होगा।

जब हम मिट जाएँ केवल प्रिय ही रह जाय अर्थात **हम स्वयं को ढूंढें और मिलें प्रियतम तब मान लेना चाहिए कि हम पूर्ण प्रेमी हो गये।** यदि हम जरा भी बच गये तो मान लें कि अभी तनिक अहंकार बचा है, अतः इसे भी मिटना होगा क्योंकि जब तक अहंकार रहेगा, हम पूर्ण प्रेमी नही हो सकोगे।

जब हम मिटने लगें, तब बिना किसी विरोध के मिटने देना है । बचने का प्रयास तनिक भी नही करना चाहिए। प्रेम सबसे पहले हमें ही मिटा देता है, क्योंकि हमारे मिटते ही अहंकार मिट जाता है, तभी प्रेम पूर्ण रूप से खिलकर प्रकाशित हो पाता है।
प्रेम के अंकुरण के लिए हृदय को एक सुंदर उपजाऊ भूमि बनना होता है। जो पत्थर कंकड़ होते हैं उन्हें छाँटना होता है। घास फूस सब निकालना होता है, उसके बाद उसकी मिट्टी की गुड़ाई खुदाई

फिर बीजारोपण होता है, तब जाकर प्रेम के बीज का अंकुरण होता है। यदि हृदय को बंजर रखा तो भला प्रेम कैसे जन्म ले सकेगा। यदि उसे विचारों के घास फूस नुमा जंजालों से भर रखा हो या घाव नुमा गड्ढे बना रखे हों, तो भला बीजारोपड़ कैसे होगा हो या घाव नुमा गड्ढे बना रखे हों, तो भला बीजारोपड़ कैसे होगा और यदि कर भी दिया तो अंकुरण असंभव है।

जब हम स्वयं से प्रेम नहीं कर पाते तब ही मन के रोगी होने की प्रक्रिया शुरू हो जाती है और कभी-कभी तो भयावह स्थिति में पहुँच जाते हैं। यदि हम स्वयं को शांत, सरल और सुंदर देखना चाहते हैं तो **स्वयं को ऐसे प्रेम करें जैसे हम स्वयं के ही प्रेमी हों, तब पायेंगे हम स्वयं में ही पूर्ण आनंदित हैं।** स्वयं के ही साथी बन कर हम सब कुछ पा जाते हैं।

प्रेम विदेह हो जाने की प्रक्रिया है, जब हम संसार के होकर भी संसार के नहीं रह जाते। प्रेम में हम स्वयं में ही संपूर्णता को प्राप्त कर तृप्ति को प्राप्त करते हैं। **एक अनंत यात्रा पर निकल जाना ही प्रेम है** जिसका न कोई छोर है न ओर है; बस चलते जाना है, अब चाहे कैसा भी है मार्ग मिले, चाहे कितनी ही बाधाएँ आएँ या कितनी भी परीक्षाएँ देनी पड़ें; बिना संशय निर्भय होकर बस चलते जाना है। पीड़ा का भी आनंद लेना होता है। **प्रतीक्षित नैन जादूगर से हो जाते हैं, जहाँ इक प्यास व इक आस है, प्रियतम से मिलकर उन्हें नैन भर निहारने की।**

तुम न नैन उठाना प्रियतम
मोहे बस देखन देना।

जी भर तोहे निहारूँगी
बदले चाहे सब ले लेना।।

मोहे माटी चाहे सोना मानो
मोल मोरा तुम ही तो जानो।
मैं अब मैं ही कहाँ रही प्रियतम
मैं तुमसी तुम ही पहचानो।।

भीतर गहरे प्रेम का मोती

प्रेम हो जाय तो पहली सीढ़ी वासना पर ही नहीं अटकना चाहिए बल्कि भीतर उतरने का प्रयास करना चाहिए, तब जो गहरे सच्चा मोती छुपा है, उसे स्पर्श करने का प्रयास करना है, और हम देखेंगे जितने गहरे उतरे हमें उतना निर्मल जल स्पर्श करता रहा और अशुद्धियाँ तो कहीं दूर उपर ही छूट गईं, अतः तब वासना हमें छू भी न सकेगी, न ही अन्यत्र आकर्षित ही कर सकेगी। **जब हम सच्चे मोती शील को प्राप्त कर लेते हैं, तभी पूर्णतः निर्मल हो जाते हैं, और तब समझ पाते हैं कि इसी निर्मलता में ही प्रेम का परम आनंद है**, यही परम सुख और शांति है। यही परम शांति ही परमात्मा की खोज है, तब और कुछ नहीं चाहते हम।

डगमग नैया डोल रही थी,
पिया लगाए पार मोहे।
प्रेम का रंग चढ़ा मोरे मन पर,
पिया दियो है तार मोहे।।

पिया मिलाए प्रियतम से.

साँची प्रीत निभाए रे।
भटक रही थी हाय डगरिया,
राह पिया दिखलाए रे।।

सूने हृदय को जो भाव से भर दे, व भटके मन को जो राह दिखाए वही प्रेम कहलाए। प्रेमी वह नही जो भटकते हुए को और भटका दे या जो स्वयं भी भूला हो और दूसरे को भी राह भुला दे। जो वासना में ही अटका रहा वह प्रेमी नहीं वह सौदागर है जिसे लालसा, लालच और माया ने घेरा है; यह संबंध तब तक ही होता है जब तक आकर्षण का रस है, वरना सब समाप्त।

जब हम समझ-बूझकर योग करते हैं तब चतुराई करनी पड़ती है क्योंकि सोच विचार कर संयोग करना होता है, परंतु **संयोग एक सुयोग है जो स्वतः घटता है, अतः भोला व पवित्र होता है और जब वियोग होता है तब प्रेम का विशिष्ट योग बनता है। अत्भुत और सबसे गहरा सुंदर स्वरूप वियोग में ही प्राप्त होता है।**

प्रेम योगिनी है, कामिनी नहीं, अतः यदि कामना का वास हो तो वह प्रेम नहीं कहलाएगा। प्रेम स्वतः बंधन स्वीकारता है, जो अदृश्य अनकहा और अटूट होता है।

प्रेम जब गहराता है भक्ति सा भाव देता है। समर्पण भाव से रोम-रोम पुलकित कर देता है, और वहीं यदि प्रेम में सांसारिकता का दूषण प्रवेश कर जाए तो कामना और आसक्ति प्रदान करता है, जो सभी प्रकार के विकार का कारक बन जाता है और अंततः पीड़ादाई होता है।

यदि चावल साफ हों तो पकाकर खाने में आनंद देते हैं, और यदि कंकड़ पत्थर मिला हो तो खाये नहीं जाते, और यदि खा भी लिया तो पचाऐ नहीं जाते, ठीक ऐसे ही यदि **प्रेम शुद्ध हो तो शांति, आनंद व शुभता देगा और यदि अशुद्धियों की मिलावट हुई तो पीड़ा, क्रोध, मतभेद व द्वेष देगा।**

जब मोह को ही प्रेम कहकर, प्रेम के नाम पर हम खेलते व नाटक रचते हैं, तब उसका फल भी वैसा ही मिलता है, और तब हम सारा दोष प्रेम पर ही मढ़कर उसे बुरा कहने का महापाप कर बैठते हैं।

प्रेम निर्मोही होता है तभी शुद्ध होता है। **मोह रहित, स्वतंत्रता प्रदान करने वाला तथा स्वतंत्रता को ही धारण करने वाला होता है प्रेम।**

प्रेम किसी भी प्रकार के अंतर को मिटा देता है; दूरी चाहे समय की हो या दैहिक हो प्रेमी के लिए उसका मूल्य नगण्य हो जाता है। यदि प्रेम न हो तो कोई चाहे देह से लगकर बैठा हो वह कोसों की दूरी पर अनुभव होगा, और यदि प्रेम हो तो कोसों दूर बैठा सबसे समीप अनुभव होगा। इससे ही प्रमाण मिलता है कि प्रेम अलौकिक है, क्योंकि वह देह, समय और संसार से परे है। आत्मिक मिलन हो जाना ही प्रेम है। यदि आत्मिक मिलन न हो सके तो दैहिक मिलन कितने ही कर लें हम प्रेम को छू भी न सकेंगे, उसे पाना तो दूर की बात है, क्योंकि प्रेम ही आत्मा को पोषित करता। प्रेम आत्मा की प्राण वायु है, अतः प्रेम से भरते ही हमारी आत्मा खिल उठती है, और इसके साथ ही हमारे भीतर हरियाली आ जाती है और हम तरो ताजा हो जाते हैं भीतर एक अद्भुत शांति से भर जाते हैं।

आकर्षण से समर्पण पर ही प्रेम का जन्म

सर्वप्रथम आकर्षण होता है, जिससे समर्पण की भावना का जन्म होता है, तत्पश्चात प्रेम का नवांकुर फूटता है। साधारणतया स्त्री व पुरुष में ही एक-दूसरे के प्रति आकर्षण से ही इस यात्रा का जन्म

होता है, अतः ऐसे में वे एक-दूसरे से स्वभावतः भिन्न होने चाहिए, अतः प्रकृति ने ऐसा ही किया है, परंतु इसे समझने में हम नासमझी कर बैठते हैं कि यदि वे स्वभाव से भिन्न हैं तो उनका सम्मान व स्वतंत्रता भी भिन्न होनी चाहिए, अतः जब हम ऐसा दोहरा व्यवहार अपनाते हैं तब प्रेम होने के बजाय विकारों का जन्म होता है।

स्वभाव व व्यवहार में भिन्नता समर्पण के पूर्व तक ही रहती है, क्योंकि आकर्षण के लिए व्यवहारिक व दैहिक भेद आवश्यक है, किन्तु समर्पण के पश्चात, प्रेम का अंकुरण होते ही, जैसे-जैसे प्रेम गहराता जाता है वे स्वभावतः समान होते जाते हैं, तब दैहिक भेद भी समाप्त हो जाता कि वे स्त्री हैं या पुरुष यह इस भेद का कोई अर्थ नहीं रह जाता है और अंततः स्वयं में ही सम्पूर्णता का अनुभव होने लगता है। "प्रेम गली अति साँकरी जायें दो न समाय"।

इस संसार में सब कुछ समाप्त होने के लिए ही जन्म लेता है सिवाय प्रेम के। एक प्रेम ही अमर है, क्योंकि परमात्मा ही प्रेम हैं, अतः हर जीवात्मा भी प्रेम स्वरूप है, परंतु कर्मों की मैली परतों तले स्वयं के सच्चे स्वरूप को ढंक कर बैठी होती है। **प्रेम सर्वोच्च आध्यात्मिक भाव है,** अतः वह आत्मा जितना ही पावन है। तभी विशुद्ध प्रेम से ही आत्मा को तृप्ति प्राप्त होती है, अर्थात जब वह स्वयं के सच्चे स्वरूप को बिना किसी बाधा के देख पाती है, तो सबसे अधिक भार हीन अनुभव करती है। वह दौड़ती है अपने प्रेमसागर की ओर, प्रेम की सम्पूर्णता ही है आत्मिक मिलन। दोनों ही दिखाई नहीं देते परंतु प्रकाशित व अनंत हैं।

मनुष्य प्रेम करना नहीं चाहता क्योंकि उसमें परम शांति व आनंद है और मनुष्य दु:खी रहना अत्यधिक पसंद करता है क्योंकि दुखी रहने में ही माया का सुख प्रतीत होता है। दुखी होने से उसके प्रति लोगों का आकर्षण होगा जिससे वे उसके साथ सहानुभूति के लिए लगे रहेंगे, उसे अपने आस पास भीड़ चाहिए, सुखी के पास कौन बैठता है बल्कि बैरी अधिक होंगे की देखो तो ये तो कितने सुख में है, अतः मनुष्य दु:ख न भी हो तो पैदा कर लेता है, ताकि लोग उसके आस पास मंडराते रहें, इससे उसके अहंकार को संतुष्टि मिलती रहेगी, तभी मोह अत्यधिक पसंद करते हैं सभी। मोह को कोई छोड़ना नहीं चाहता तो भला प्रेम का जन्म किस प्रकार होगा, अतः परम शांति और सुख भी कहाँ मिल सकेगा। मनुष्य सबसे अधिक चालाक बनने के चक्कर में यहाँ

मूर्खता का कार्य किये जाता है। उसे अहम का संतुष्ट होना ही सुख दिखता है, परंतु वह नही जानता ही **असली सुख प्रेमी हो जाने में ही है**, जब हम अकेला रहना स्वतः चुन लेते हैं, और उसी में ही सबसे बड़ा सुख पाते हैं।

प्रिय से ऐसा अद्भुत मिलन जहाँ दोनों एक तन में ही निवास करने लगते हैं कि दूरी होने का भी कोई अर्थ नहीं रह जाता। जहाँ मिलके नहीं मिल पाने की पीड़ा और बिन मिले मिल जाने की पूर्णता और आनंद मिल जाता है बस वही तो प्रेम है, तभी प्रेमी को समझ पाना साधारण मनुष्य के लिए असम्भव है। बावरा कह कर संबोधित करना ही सटीक परिभाषा दे पाते हैं लोग परंतु प्रेमी जानता है कि वह ही सत्य है बाकी यह सारा जग मिथ्या।

एक दिन सब कुछ मिट जाना होता है परंतु प्रेम अमिट है। प्रेम सदैव आकाश की ओर देखकर खुलकर साँसें लेता है, सारे जग को बाहें पसारे अपने भीतर समेट लेना चाहता है, सारी प्रकृति को प्रेम से चूम लेना चाहता है। प्रेमी जब प्रेम से भर जाता है उसे दे-दे कर ही सुख प्राप्त करता है, अतः जो दे न सके तो पीड़ा से भर जाता है, जैसे एक माँ भूखे बच्चे को दूध से भरे स्तन को पान करा कर ही शांति पाती है और प्रेम से आनंदित होती है ऐसे ही प्रेमी सारी प्रकृति को प्रेम देकर ही शांति और आनंद पाता है, क्योंकि उसके पास देने को इतना प्रेम होता है कि वह सब अपने भीतर रख बैठे तो घुट कर पीड़ा से भर जाएगा क्योंकि प्रेम तो बढ़ता ही जाता है रखने की जगह शेष ही नहीं रह जाती है अतः बाँटना ही एकमात्र उपाय रह जाता है।

पी से मिलके भी न मिल पाऊँ
न मिलके भी मिलती पल-पल
ऐ सखि कैसा रोग लिया रे
लोग कहें बावरिया मोहे
ऐ सखि कैसा रोग लिया रे

आप ही बतियाँ करूँ दिन रैन
आप ही हसूँ मुस्काऊँ रे
आप ही झगड़ूँ रूठूँ मोसे
आप ही लाड़ लड़ाऊँ रे

ऐ सखि कैसा रोग लिया रे
लोग कहें बावरिया मोहे
ऐ सखि कैसा रोग लिया रे

कभी बरसें बदरी से नैना
कभी किरन सी खिल जाऊँ रे
कभी मुरझाऊँ पतझड़ सी मैं
कभी बसंत सी लहराऊँ रे

ऐ सखि कैसा रोग लिया रे
लोग कहें बावरिया मोहे
ऐ सखि कैसा रोग लिया रे
बिन झाँझर छम-छम थिरकूँ मैं
बिन बतियाँ झूमूँ गाऊँ रे

आप ही ढाँपूँ आँचल से मुख
आप ही आप लजाऊँ रे

ऐ सखि कैसा रोग लिया रे
लोग कहें बावरिया मोहे
ऐ सखि कैसा रोग लिया रे

पिया मिले कि मैं न रही अब
उनसी ही दिखलाऊँ रे
उनसा ठाठ मनमोहक चितवन
अँखियन मोहे बसाऊँ रे

ऐ सखि कैसा रोग लगा रे
लोग कहें बावरिया मोहे
ऐ सखि कैसा रोग लगा रे

प्रेम को पकड़ने का प्रयास नही करना चाहिए। वह तो ऐसा प्रकाश है जिसे पकड़ने से तिनका भी हाँथ न आयेगा, मुठ्ठी खाली ही रह जाएगी और हम उदास हो जाएँगे, बल्कि उसकी स्वतंत्र खिलती किरणों में स्नान करने से हम भी उसके प्रकाश में खिलने लगेंगे। जब पकड़ने का तनिक भी प्रयास न करेंगे तब पाएँगे वह स्वतः ही प्रसन्न होकर हमारी शरण हो लिया है। हमें तब भी कोई पकड़ नहीं रखना चाहिए। हृदय के दरवाजे सदैव खुले ही रखने है तब पाएँगे कि वह कभी न जाएगा, उसी मंदिर में ही बस जाएगा परंतु यदि दरवाजे पर कुंडी लगाने का प्रयास किया तो परतंत्रता के भय और घुटन से निकलने को प्रयासरत हो जाएगा और कभी दाँव पेंच लगाकर सदा के लिए निकल जाएगा।

खिलती किरन सा,
द्वार कोई आया है।
भीनी भीनी खुशबू से,
हृदय को महकाया है।।

श्याम रंग अंगिया है,
पीत रंग काँछी।
हाँथ लिए मुरली,
मुकुट मोर पाँखी।।

मुस्कान इंद्रधनुषी,
चितवन चितचोर है।
चाल मतवाली,
मुख चाँद सा अंजोर है।।

तान छेड़ बंसी की,
मन मोहे मोहना।
श्याम मिले ऐसे कि,
और कोई चाह ना।।

समर्पण संपूर्ण के प्रति ही होता है और संपूर्ण केवल परमात्मा ही है अतः हम जिससे भी आकर्षित होकर समर्पित होते हैं, उसे परमात्मा ही मान लेते हैं अर्थात हम परमात्मा की खोज में ही किसी अपने जैसे अन्य व्यक्ति को ही परमात्मा मान कर समर्पित हो जाते हैं और प्रेम में डूब जाते हैं। कई बार यह भ्रम अवश्य टूटता है और हम सच में परमात्मा की खोज में लग जाते हैं और कभी भ्रम टूटने पर विचलित होकर हम स्वयं टूट जाते हैं, तत्पश्चात प्रेम को ही बुरा भला कहने का पाप कर बैठते हैं।

प्रेम कभी बुरा या अपवित्र नहीं। हाँ हम यह समझ नहीं पाते कि यह परमात्मा की ही प्यास है, अतः भटकाव में नासमझ निर्णय ले लेते हैं, फिर आम के पेड़ में नारियल खोजते हैं, अंततः निराशा हाथ लगती है। ऐसे में भ्रम टूटते ही आकर्षण, समर्पण और प्रेम का झूठा तिलस्म भी टूट जाता है।

पूरब ढ़ूँढ़ा पश्चिम ढूँढा,
गलियन-गलियन शहर भी ढूँढ़ा।
इसमें ढ़ूँढा उसमें ढ़ूँढा,
मिले भीतर अँखियाँ जब मूँदा।।

श्वास श्वास तोहे जिऊँ उम्र भर,
रोम-रोम में पिया बसे तुम।

मोरे भीतर तोहे देखा जब से,
अधरन में मुस्काए हो तुम।।

स्वयं से मिल पाने का भय कुछ ऐसा घर कर जाता है, कि हम खाली और शांत होना ही नहीं चाहते। अकेले और शांति में होने से डरकर ही हम कुछ न कुछ अपने साथ उलझाकर रखना चाहते हैं। दोस्त न सही दुश्मन ही सही, सुख न मिले तो दु:ख ही सही, प्रेम न हो तो द्वेष ही सही.. कुछ न कुछ चाहिए जिसमें स्वयं को उलझा सकें। ये अनजाना मिथ्या भय स्वयं से भेंट होने में सबसे बड़ी बाधा है तभी, हम परमात्मा को भी नहीं प्राप्त कर पाते, अतः परम शांति भी नहीं मिल पाती है।

स्वयं से भेंट होने का अर्थ है परमात्मा से भेंट होना, और यहीं पर शांति से भेंट होती है और इसे प्राप्ति का एक मात्र साधन है एकांत को पा लेना व स्वयं को पूरी तरह खाली कर लेना।

जब तक अहंकार होता है हम स्वयं से भी झूठ कहते व मुखौटे लगाते रहते हैं। हमारे विकार हमारी कमियों पर भी नया सुंदर पर्दा लगाते रहते हैं। जब सच को स्वीकार लेतें है तो अहंकार भी मिटने लगता है, अहंकार के मिटते ही सरलता और सहजता भी आने लगती है जिससे एकांत को पाना व स्वयं को खाली करना चाहते हैं, यही से आरंभ होती है स्वयं से भेंट होने की यानि परमात्मा की खोज की यात्रा...जिसे शांति की यात्रा या परमानंद की यात्रा भी कह सकते हैं।

शांति की उत्पत्ति अतुलनीय होने से होती है। काला या गोरा, सुंदर या असुंदर, मूर्ख या बुद्धिमान यह सब तुलना के

परिणाम हैं, जो कि मनुष्य में अशांति पैदा करते हैं। यदि आप मान लें कि इस संसार में केवल आप ही हैं और दूसरा कोई नहीं, तो सबसे पहले तुलना ही समाप्त हो जाएगी और तुलना समाप्त होते ही मापदंड भी समाप्त, तब जो आप हैं बस वही हैं, जैसे हैं वैसे ही सबसे अच्छे हैं, यहीं आप को परम शान्ति का अनुभव होगा।

दोहरा व्यक्तित्व भी कभी नही जीना चाहिए कि झूठ का मखौटा लगा कर घुमना पड़े। शहद में डूबा करेला नही बनना चाहिए वरना उस कड़वेपन को हमें ही भीतर कहीं स्वयं ही सहना पड़ता है। हमें प्रतीत होता है कि हमने अन्य से छल किया, परंतु सत्य यह है कि हम स्वयं से ही छल करते हैं। स्वयं के शत्रु हम स्वयं ही बनते हैं, अन्य का क्या साहस कि हमसे शत्रुता निभाए।

मनुष्य ने जब केवल अधिकार लेना सीखा तब बेड़ियों ने जन्म लिया और यदि उसे तोड़ने या छोड़ने का प्रयास हुआ, तब सजा का प्रवाधान भी बना। जिसके प्रति किसी भी प्रकार से जब आकर्षण हो और उसे हमें अपनी ओर लाना हो तो, उसे तरह-तरह के लुभावने प्रलोभन...कभी स्नेह के रूप में, तो कभी उपहार के रूप में, तो कभी श्रृंगार के रूप में, तो कभी सुंदर व्यवहार के रूप में दिये जाते हैं और जैसे ही वह किसी भी प्रकार के प्रलोभन में आकर उस कैद में प्रवेश होता है भारी दरवाजे लगाकर बड़े तालों के साथ बड़ी हिदायतें भी दे दी जाती हैं, तब प्रारम्भ होता है उन प्रलोभन के टूटने का। अब जब पंछी कैद में आ ही गया तो अब क्यों उसे अच्छा रूप व व्यवहार दिखाना। यहीं से टूटता जाता है, झूठे प्रेम व वचनों का महल और सब बिखर जाता है।

प्रेम से परे हो जाना

प्रेम से परे हो जाना अर्थात प्रेम के ताप से पक कर उसकी चरम शीतलता से गुजरते हुए फूटकर सच्चे मोती के बीज सा अनावृत हो जाना, जब सहज स्थिरता आ जाती है।

तब प्रेम की न प्यास होती है, न ही लालसा रह जाती है। स्वयं में ही आनंदित रहने की स्थिति प्राप्त हो जाती है, जहाँ न विरह की पीर होती है, न ही मिलन की गुदगुदी।

प्रेम की तूफानी लहरों और थपेड़ों में कभी गहरे गिरकर तो कभी ऊँचे उठकर, कभी गहन तपकर तो कभी ठिठुरती शीतलता में गलकर, मजबूत व्यक्तित्व निखरता है, जो स्वतः प्रेम अर्थात परमात्मा हो जाता है, जिसमें पूर्णतः निर्मोही भाव जगता है, अतः वह स्थिर हो जाता है सागर के समान, जिसमें अन्य व्याकुल नदियाँ समा जाने को बहती चली आती हैं।

निर्मोह में गहरा आकर्षण होता है, अतः उसकी ओर स्वतः बहने को बल मिलता है, यही कारण है कि जीवात्मा परमात्मा की ओर बहने को आतुर हुआ जाता है, परमात्मा से मोह ही उसे संसार से निर्मोही बनाता है क्योंकि परमात्मा निर्मोही हैं।

आभार

आभार संपूर्ण प्रकृति और उसमें उपस्थित सभी तत्वों का, क्योंकि प्रेम का प्रवाह अनवरत रूप में अदृश्य बह रहा है, जिसे व्याख्यायित कर पाना असम्भव है, अतः यदि कुछ अनुभव कर कलमबद्ध कर सकूँ तो यह अवश्य ही सबका प्रयास व शुभकामनाएँ है, वरना प्रेम को तनिक भी लिख पाने या शब्दों में कहकर प्रस्तुत कर पाना अत्यंत कठिन कार्य है। सभी संतों, भक्तों व गुरु जनों का अनन्य आभार व धन्यवाद जिनसे प्रेम को अनुभव कर समझ पाने की अल्प सामर्थ्य व ज्ञान प्राप्त हुआ। इस पुस्तक में डाले गए चित्र गूगल व फेसबुक से लिए गए हैं। आप सभी पाठकों का स्नेह और शुभकामनाएँ सदैव बनी रहें।

हरे कृष्ण 🙏🙏

www.ingramcontent.com/pod-product-compliance
Lightning Source LLC
LaVergne TN
LVHW050935210926
848482LV00013B/619
9798903920969